这不是简单的《西游记》故事，
而是连齐天大圣也不知道的小秘密哟！

齐天大圣
也不知道的
小秘密

主编：杨 凡
编委：周 昕　李 想　杨 滔　窦炳香
　　　许正华　杨明君　梁 婉　邱 莹
　　　向凌松　曹家艳　杨 文　张 燕

哈尔滨工业大学出版社
HARBIN INSTITUTE OF TECHNOLOGY PRESS

图书在版编目（ＣＩＰ）数据

齐天大圣也不知道的小秘密/杨凡主编.—哈尔滨：哈尔滨工业大学出版社,2015.7

（读名著·学常识）

ISBN 978-7-5603-5292-3

Ⅰ.①齐… Ⅱ.①杨… Ⅲ.①科学知识-少儿读物 Ⅳ.①Z228.1

中国版本图书馆CIP数据核字(2015)第067339号

策划编辑	张凤涛
责任编辑	张凤涛　常　雨
装帧设计	琥珀视觉　恒润设计
出版发行	哈尔滨工业大学出版社
社　　址	哈尔滨市南岗区复华四道街10号　邮编150006
传　　真	0451-86414749
网　　址	http://hitpress.hit.edu.cn
印　　刷	哈尔滨市石桥印务有限公司
开　　本	787mm×1092mm　1/16　印张8.25　字数100千字
版　　次	2015年7月第1版　2015年7月第1次印刷
书　　号	ISBN 978-7-5603-5292-3
定　　价	25.00元

（如因印装质量问题影响阅读，我社负责调换）

前言

你可能有着太多太多的思维定式,例如:名著是名著,科学是科学。现在,你手上的这套书将为你打破这个定式!

它会告诉你,原来,名著和科学常识还可以如此结合!想想看,孙悟空漂洋过海去寻找的长生不老药究竟是怎么回事?太上老君到底下过凡吗?这里面究竟隐藏着什么秘密?

没错,《西游记》里的主人公,也正面临着同样的挑战。哪怕聪明如孙悟空,也必须揪出这些秘密,才能顺利克服九九八十一难,完成到西天取得真经的任务!否则,等待他的将是残酷的惩罚!

类似这样的科学秘密,将会出现在本书的三十个小故事里。现在,就赶紧活动活动大脑,准备来一场在感性故事与理性科学的碰撞中,获取的奇妙体验吧!

特别提醒,这不是简单的《西游记》故事,而是连齐天大圣也不知道的小秘密哟!

目录

秘密一：咦？它从石头缝里蹦出来啦！/6

秘密二：哈，如果能长生不老就好喽！/10

秘密三：你这大胆妖怪！腾云驾雾我也会！/14

秘密四：有了兵器，以后再也不怕被人欺负了！/18

秘密五：看，上天下海我都行！/22

秘密六：死不死，我自己说了算！/26

秘密七：上天当官？听起来不错嘛！/30

秘密八：原来是让我扫马圈？不干不干！/34

秘密九：让猴子看桃子？嘘……/38

秘密十：太上老君下过凡吗？/42

秘密十一：天宫？拆！/46

秘密十二：你们竟敢放狗咬人！/50

秘密十三：哈哈，因祸得福！/54

秘密十四：到天边了吗？我先方便一下！/58

秘密十五：师傅，我等得好辛苦啊！/62

秘密十六：师父想要送我礼物？ /66
秘密十七：你这该死的白龙！还我马来！ /70
秘密十八：趁火打劫的贼和尚 /74
秘密十九：我的师弟是头猪？ /78
秘密二十：流沙河？里面肯定有古怪！ /82
秘密二十一：咦？树上竟然长出了"小娃娃"！ /86
秘密二十二：哼！休想逃过我的火眼金睛 /90
秘密二十三：小葫芦大容量 /94
秘密二十四：这个小孩儿是吃什么长大的？ /98
秘密二十五：哈哈，砍头容易接头难！ /102
秘密二十六：这里怎么一个男人都没有？ /106
秘密二十七：胆大包天，竟敢假冒我？ /110
秘密二十八：冤家路窄！ /114
秘密二十九：她的肚子好痛呀！ /118
秘密三十：哈，取得真经、功德圆满！ /122

秘密一：咦？它从石头缝里蹦出来啦！

你睁开眼睛，周围一片仙云缭绕，繁花似锦，只见一块巨石上写着"花果山"三个大字！你肯定激动起来，以为自己穿越了。那你就大错特错了，请注意，这不是《西游记》，这不是《西游记》！这只是跟西游记有关的秘密，一些连齐天大圣都不知道的小秘密！

在很久很久以前，茫茫的大海边，有一个傲来国。听起来是不是挺老套？别急，后面就好玩了。傲来国的海中有一座花果山，那里真是个好地方，山中长满了奇花异草，还常常有麒麟凤凰出没。

花果山的山顶，有一块仙石，不知道是谁偷偷放在那儿的。为啥叫仙石？看过《西游记》的都知道！普通石头能生猴子吗？果然，有一天，"砰"的一声巨响，仙石自己裂开了！从裂开的石缝里，滚出一个像圆球那么大的石蛋。

风一吹，石蛋滚啊滚，变成一

只石猴。它眼冒金光,那金光一直照耀到高高的九天之上,吓了玉帝一跳。玉帝觉得奇怪,命令御用狗仔队千里眼和顺风耳打听后,才知道只是一个从石头缝里蹦出来的猴子而已,便放了心,不再追究。那猴子一生出来,就能跑能跳。它在山林间到处疯玩,渴了喝露水、饿了采野果,日子就这样一天天过去,好不快活!

一天,太阳火辣辣地照在花果山上,山里的猴子都被热得跳进溪水里洗澡。猴子们生来就贪玩,洗着洗着,就忍不住顺着溪水去找它的源头,没想到,溪水的源头,居然是一条瀑布。远远望去,它就像一条闪亮的珠帘,挂在这高高的花果山上。猴子们都兴奋得直拍手。其中,有一只好事的年轻猴子嚷嚷道:"谁要是能进这个瀑布,又毫发无伤地出来,我们就拜他作大王!"

话音刚落,其他猴子都窃窃私语,没一个敢进去的。这时,石猴子心想:"嘿嘿,我的机会来了!"于是只听石猴子高声叫道:"我去!我去!"说完,他便毫不犹豫地一头钻进瀑布里。

等他进去一瞧,立即乐坏了。原来,瀑布后居然是个洞,洞里既没有水、也没有波浪,只有一座铁板桥。而水,都哗啦啦地从桥下流过。再仔细看,桥旁边有花有树,还有石锅石灶、石碗石盆、石床石凳……而且,洞中央的石碑上,还写着"水帘洞"三个大字呢!

石猴跳出洞去大叫:"大猴小猴们,还不赶紧进来!以后,这里就是咱们的家了!"猴子们全都乐颠颠地,不论胆大的、胆小的,全都拥挤着进到水帘洞里去了。

读名著学常识

三堂会审

等到猴子们一个个争盘子、抢床铺，闹腾完以后，石猴子才端坐在正中央，发言道："各位，不可言而无信啊！你们说过，谁要是有本事进来又出去的，就可以称大王！"

猴子们兴高采烈，正准备磕头称石猴为"大王"，却只听一声大叫："慢着！"

原来，是一只通臂猿猴。他笑眯眯地说道："称王可以，不过，得先答对一个问题！"

咦？看《西游记》还要回答问题？没错！这明明不是《西游记》嘛，是连齐天大圣也不知道的小秘密！

听好啦，题目是：人类，是怎么来的？

A. 石头缝里蹦出来的；

B. 女娲捏出来的；

C. 由动物进化来的；

D. 从外星移民来的。

 石猴略一思索，高声回答："答案是C！"

通臂猿猴宣判

干得漂亮，答对了！人类，是从动物进化而来的。

人类，属于灵长目，与类人猿拥有共同的祖先。可是，为什么人类可以直立行走、使用工具、思考和谈论复杂的问题，而类人猿却不行呢？

原来，人类和类人猿的祖先——古猿，一直都像现在的猿猴一样，是在树上生活的。可是，在大约七八百万年前，由于环境发生了变化，森林中的树木越来越少，于是，有一部分古猿便不得不从树上走下来，习惯了陆地上的生活。它们学会了直立行走、使用工具，大脑也变得越来越发达。

最后，这一部分古猿终于学会了语言，创造了人类社会的文明。

可是，继续留在树上生活的另一部分古猿，却依然没有摆脱动物的生活，最终，进化成了现在的类人猿。

齐天大圣也不知道的小秘密

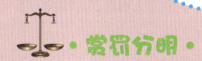

赏罚分明

哈哈，齐天大圣这次很走运，被你给撞对了！从此，你就是我们的"美猴王"了！我将送给你一份礼物表示祝贺，那就是——获得长生不老的方法！

秘密二：哈，如果能长生不老就好喽！

石猴就这样当上了猴子们的大王，还收到了祝贺他成为大王的礼物，那就是长生不老的方法。

通臂猿猴这回彻底服气了："你不但非常勇敢，还非常聪明！那么我就把长生不老的方法告诉你吧。"于是，他将自己知道的长生不老的方法告诉了石猴。可这个办法光靠自己在家琢磨是不行的，首先要找到一位老师，这位老师得是一位法力无边的神仙。只要能够找到这样的一位老师来教导自己，猴王就可以学到长生不老之术了。

猴王听完高兴极了，立马吵着要出发去找神仙拜师学艺。大家听完报以热烈的掌声，都说："太好了！我们大家快出去找一些好吃的好喝的，摆上筵席，送送我们的大王！以后估计他就吃不上了……"

所有的猴子都发动了起来，找了各种各样的瓜果梨桃，还有各种的美酒。猴子们轮番上来给猴王敬酒，大家痛痛快快地喝了一天。

第二天，大家找来了干枯的树枝给猴王编了一个小船。猴王依依不舍地和大家告了别，"猴老伯，你身体不好别忘了吃药；猴二哥，你刚受了伤要小心；猴小妹，要好好学习天天向上……大家怎么都走了？唉唉，还没说再见呢……"

就这样，猴王独自一人乘着小舟，踏上了寻找神仙的旅程。

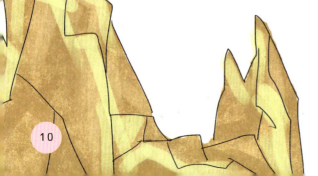

一晃八、九年的时间就这么过去了,猴王来到了一个叫西牛贺洲的地方。有一天猴王来到了一座大山的脚下,只见这座山高大雄伟,长满了参天大树,猴王猜这座山上一定有神仙,于是就开始登山。

还没走到山顶,就看见一个小道童对他说:"我家师父说外面有个来拜师的,不知道是不是你?"

猴王赶紧答道:"对对对,就是我!"

三堂会审

小道童带着他来到了山顶的仙洞,只见大厅中高高坐着一位老神仙,雪白的长胡子,穿着一身道袍。小道童介绍说:"快来拜见师父,这位就是菩提祖师。"猴王听了特别高兴,终于找到神仙了,自己可以长生不老了。

"师父在上,请受徒儿一拜,求您教我长生不老之术。"猴王赶紧跪下磕头。

"你叫什么名字?"菩提祖师问道。

"我没有名字。"

"那我赐你一个名字,就叫孙悟空!"

"太好了,太好了!我有名字了!"孙悟空高兴得蹦了起来。

"既然你想学长生不老之术,那我先考考你!"

题目是:什么因素决定了人的寿命?

A. 积极的心态;

B. 老爸老妈的基因;

C. 良好的饮食习惯 + 不吸烟、不喝酒;

D. 规律的作息时间。

 孙悟空略微思考了一下,大声地说:"答案是B。"

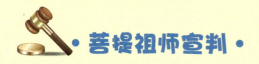

齐天大圣也不知道的小秘密

很好！想不到你这个小猴子还挺聪明的，答对了！

世界之大，无奇不有，有些自然界的小动物们，甚至比我们这些神仙还要厉害，它们天生就可以长生不老。这些老寿星们，个头虽然不大，但是一个个年龄可都是相当大了，大到没有人知道。

这其中，要数一种叫灯塔水母的动物活得最长久，这位老寿星不但号称"寿比南山"，还有一种"返老还童"的本事呢。灯塔水母可以让自己的整个身体反复再生，甚至可以恢复到幼年体，也就是小时候的状态，你说神奇不神奇？

作为人类，虽然基因决定了我们不可能长生不老，不过，只要我们养成良好的习惯，戒烟戒酒，跟着太阳的脚步，日出而作日落而息，并且经常保持着乐观的心态，就可以大大地延长我们的寿命哟！

不错不错！孙悟空这次的选择是正确的，还算是很聪明。那我就收了你这个小猴子，作为我的徒弟吧！

虽然，人是不能长生不老，但俺是神嘛！现在，我不但要教给你长生不老之术，作为奖励，我再给你开个小灶，教你更厉害的独门法术，能够让你腾云驾雾，变化无常，那就是——七十二变！

13

读名著学常识

秘密三 你这大胆妖怪！腾云驾雾我也会！

菩提祖师就这样收下了孙悟空这个徒弟。

每日，孙悟空和大家一起坐在下面听老师讲课。可是，孙悟空毕竟是一只猴子，让他老老实实地坐在那里一动不动，真是难为他了。刚开始的时候还好，慢慢地，孙悟空就坐不住了。一到上课的时候，他就抓耳挠腮，注意力很难集中。

一天，菩提祖师的课上，孙悟空又坐不住了。他一会儿逗弄一下旁边的师兄，一会儿问老师些稀奇古怪的问题，终于把老师惹生气了。只见菩提祖师走到孙悟空的面前，在他的头上打了三下，然后就背着手，走了。

师兄们都埋怨悟空："你这小猴子，就会调皮捣蛋，看把老师都气走了！我们揍你一顿！"

孙悟空赶紧赔笑告饶："师兄们饶命饶命，下次不敢了。"嘴上虽然这么说，但是眼珠辘轳一转，心里有了另外的想法了。

等到了晚上三更，大家都睡着了，孙悟空偷偷地爬了起来，来到老师的门前。只见门半开着，悟空心里非常高兴，老师果然是这个意思。

他赶紧走了进去，菩提祖师正笑眯眯地看着他，悟空赶紧问："老师，您是特意找我过来的吧？您打我头三下，就是让我三更来，对吧？"老师笑而不答。

聪明的孙悟空见老师正高兴着呢，赶紧说："好师父，请您教我长生不老之术！还有上次的奖励七十二变，我都要学！"

就这样，一夜的时间，孙悟空像一块海绵吸水似的，学到了好多的法术。最后，老师语重心长地跟他说："悟空，我现在再教你一个法术，它叫筋斗云，你翻个筋斗，就可以到十万八千里远的地方。学会了，你就可以回家去了。以后要小心行事，千万不要惹祸。"

终于，孙悟空学会了各种法术和筋斗云，跟老师和众师兄们依依不舍地道了别，一个筋斗回到了花果山。

三堂会审

到了花果山，孙悟空大喊一声："孩儿们，我回来了！"

顿时，山崖下、石头后面、树丛中跳出了许许多多的大猴小猴，把孙悟空围在了中间，都哭诉道："大王啊大王，你可算回来了，你走以后，有一个妖怪跑来欺负我们，还霸占了我们的水帘洞，把我们都抓起来给他干活，你看看大家都瘦成什么样了！那家伙自称混世魔王，住在北边，他来时云，去时雾，或风或雨，或电或雷，非常厉害，大王一定要小心啊！"

"谁在说我呢？哈哈，臭猴子们，赶紧把我要的贡品送来，要不然没你们好果子吃！"混世魔王已经来了，果然是腾云驾雾、电闪雷鸣。

孙悟空见了火冒三丈。正要开打，混世魔王说话了："都说你是美猴王，我今天考考你！看看你的厉害！"

听好啦：风雨雷电是老天爷在发怒吗？

A. 是，老天爷生气了；

B. 不是，是混世魔王的法术；

C. 是雷公电母在作怪；

D. 是大自然的力量。

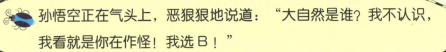

孙悟空正在气头上，恶狠狠地说道："大自然是谁？我不认识，我看就是你在作怪！我选B！"

齐天大圣也不知道的小秘密

哈哈！你答错了！看来你这个美猴王也不过如此。让我混世魔王来告诉你关于风雨雷电的知识吧！

风，是空气流动的结果。当一个地方的温度升高，而周边的温度比较低的时候，一冷一热的两个空气团就会互相吸引，这就形成了空气的流动，也就形成了风。

雨呢，则是因为地上的水分蒸发到空气中，变成了云朵儿。云朵儿是由水蒸气遇冷凝结成的小水滴组成。小水滴慢慢混合在一起，变成大水滴后，空气就再也承受不住它们了，于是，它们就变成雨，落下来啦！

而打雷闪电也跟云有关。云里面的水分子会摩擦，产生静电。这些静电会和地面上的静电相互吸引，当两种电荷一"碰头"，电能就会释放出来，形成了闪电。

看，这些可都是大自然的力量，跟我混世魔王可没什么关系！

赏罚分明

你这猴子，原来也不过如此，听你的猴子猴孙们说，我还以为你多厉害呢！这样的话，我也不用怕你了，快把我要的贡品都送过来，以后我就住在水帘洞里了。你这猴子大王，既然你答错了，我就要惩罚你，那就是——给我当仆人！

秘密四：有了兵器，以后再也不怕被人欺负了！

孙悟空上次答错了题，被混世魔王羞臊了一番，心里反倒平静了许多。虽然是敌人，但是混世魔王讲得也很有道理。哎，都怪自己太生气了，一时冲昏了头脑。

虽然现在冷静下来了，不过，混世魔王想让自己给他当仆人，还成天欺负自己的猴子猴孙们，孙悟空当然不会答应。

于是，两个人就斗了起来，打得好不热闹！

混世魔王长得高大威猛，比孙悟空高出许多，还手拿一把大砍刀，威风凛凛。孙悟空呢，个子矮了不少不说，手里什么家伙也没有，赤手空拳一定要吃亏啊。

花果山的猴子们都为自己的大王捏着一把冷汗。

不过，孙悟空出去拜师

齐天大圣也不知道的小秘密

学艺可不是白学的,他身形灵活,每次都能躲开混世魔王的攻击,把混世魔王气得哇哇乱叫。

但光躲闪也不是长久之计,孙悟空念动口诀,然后从自己的身上拔了一把毫毛,往天上一撒,大喊了一声:"变!"顿时,所有的毫毛都变作了小猴子,这些小猴子上蹿下跳,混世魔王想打也打不到。只见这些小猴子不大一会儿就把混世魔王包围了,抱得抱,扯得扯,有的在腿底下,有的在脑袋顶上,把混世魔王一下子给制住了!

围观的猴子们大声叫好:"大王真厉害!"

终于,孙悟空抢回了水帘洞,大家都高兴极了。

这时,有两只猴子过来跟孙悟空商量:"大王,虽然这次我们胜利了,您也回来了,可是难保以后没有人来欺负我们。这花果山上只有一些竹子和木头,当不了兵刃,如果能有一些兵刃,大家都练习起来,就能保护自己了。"

孙悟空想了想,觉得很有道理,问道:"那么哪里才能找到兵器呢?"

"咱们东面200里有个傲来国,那里肯定有!"

"好,那我现在就去!"说完,孙悟空一个筋斗飞走了。

三堂会审

　　飞了没多久，果然见到一座城市，这里街道繁华，很多人来来往往，很多铁匠铺在打造兵器。孙悟空心想，看我施个法术，然后偷偷拿走几件。

　　于是，他念动了口诀，然后使劲吹了一口气，整个傲来国都刮起了大风，刮得漫天的黄沙，都看不见人影了。

　　这法术惊动了傲来国的国王，他赶紧出来，看见孙悟空便大声问他："你不要再吹了，你到底是来干什么的？怎么能对老百姓使坏呢！"

　　孙悟空答道："我想要一些兵器，刚才实在是对不起了。"

　　"哈哈，我是傲来国的国王，兵器可以给你，不过我要先考考你！"

　　听好了，题目是：冷兵器是冬天用的兵器吗？不是的话，为什么要叫冷兵器呢？

A. 是的，因为冷兵器只有冬天才能用；

B. 不是，是因为打铁的时候要冷却；

C. 不是，是因为冷兵器是金属造的，摸着很凉；

D. 不是，它是指不用火药、炸药的武器。

孙悟空想了想山上的竹子和木头，大声说："我选D！"

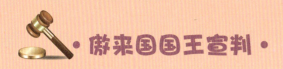 **傲来国国王宣判**

齐天大圣也不知道的小秘密

哈哈，虽然我不认识你，不过你还挺聪明的嘛。你答对了，原来，你不光会法术，还懂得不少知识啊！

冷兵器的历史非常早，在石器时代就有了。当时的原始人用石头相互敲打、磨制成了许多不同形状的工具，有的是方的，有的带有锯齿，有的带有刃，这些东西既是工具也是武器，也就是最早的冷兵器了。

在那种野兽经常出没，四处充满危险的年代，正是这些兵器帮助了人类打猎和保护自己，人类才能发展到今天。后来，慢慢地，随着人类智慧和技术的提高，冷兵器也越做越厉害了。原料也逐渐变成了金属，还有几种材料组合成的，比如弓箭。

再往后，出现了火药和炸药等，冷兵器的时代才结束，但是它在平时还是有很大的用途的！

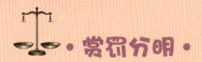 **赏罚分明**

不错不错，我傲来国国王就交了你这个朋友，既然你答对了，我就把武器库的钥匙给你，你的奖赏都在里面，随便拿，那就是——各种冷兵器！

读名著学常识

秘密五：看，上天下海我都行！

进了傲来国的兵器库，孙悟空顿时感到眼界大开，这里摆满了各种刀枪剑戟，斧钺勾叉，"这……这我一个人可是拿不了多少啊！"

说完，孙悟空又拔了一把毫毛，变出了许许多多小猴，一股脑地把武器库搬了个精光，这下傲来国的国王要心疼了。搬完兵器，孙悟空念动口诀，带着所有的小猴一阵风似的回到了花果山。

花果山上的大小猴子们正在水帘洞洞口玩耍呢，只见一团云雾飘了过来，大家还以为混世魔王又来了。

"快跑啊，坏人来了！"

"是我啊，你们的大王。"

原来是虚惊一场。

孙悟空领着无数毫毛变成的小猴子带回来大量的兵器。到了花果山，孙悟空一晃身子，所有的小猴子又都

变回毫毛，神奇地回到了孙悟空的身上。

"看我给你们带了什么回来，一人一件，我们赶紧操练起来！"孙悟空得意地说。

花果山的猴子猴孙们顿时高兴地欢呼了起来，纷纷来抢趁手的兵器。很快，每个人都找到了适合自己的兵器。接着大家聚集到了操场上，高兴地耍了起来。

孙悟空自己也想选一件，可是拿起一把大刀，觉得不好用；拎起一把斧子，又觉得不够分量；换了一杆长枪，一耍，枪杆竟然折了。这可怎么办？大家都有了兵器，只有自己没有啊！

正当孙悟空烦恼的时候，一个机灵的小猴子跑了过来，"大王大王，这些兵器都是普通的兵器，大王已经得道成仙，自然是用着不合适，只有真正的神仙用的神兵利器才配得上大王！"

"那这样的兵器要到哪里去找呢？"孙悟空问。

"东海龙宫！听说那里都是宝贝，大王去找东海龙王要一件就行了！"

读名著学常识

三堂会审

　　于是，孙悟空来到了东海，施展法术，一下子潜入了海底。虽然学艺之前在海上漂了很久，但是对于海面下的世界，孙悟空还是第一次瞧见：清澈的海水里面游着很多五彩斑斓的鱼，还有各种五颜六色的珊瑚和海星，真是个好地方！孙悟空游着游着，很快来到了东海龙王住的地方——水晶宫。门口站着守门的虾兵蟹将。

　　孙悟空游到门口，对蟹将说道："我是你们的邻居，花果山上的美猴王孙悟空，今天特来向邻居老龙王借一件兵器，你快去禀报！"

　　没多大一会儿，东海龙王出来了，说道："原来是邻居，以前怎么没见过？想要兵器，哈哈，先回答我一个问题吧！"

　　题目是：海底最珍贵的宝贝是什么？

A. 珍珠珊瑚；

B. 海鲜；

C. 各种矿产；

D. 水晶宫和小龙女。

 孙悟空看看脚下的海底，说道："我选C，对不对？"

 ·东海龙王宣判·

齐天大圣也不知道的小秘密

不错不错,想不到我还有个这么聪明的邻居,孙悟空你回答得很对!这些珍珠、珊瑚之类的,都只是表面的东西,其实,我们海底真正珍贵的宝藏是埋藏在海底的矿产。

海底的矿藏,不光种类多样,而且储量巨大。海底世界里有著名的锰结核,它里面含有锰、铜、钴、镍等三十多种有很高经济价值的矿物质。我听说陆地上的人类,经常为了石油去打仗,真是太无聊了,我们海底可不缺石油。不光有石油,还有天然气。天然气是很好用的燃料,比石油和煤炭造成的污染小得多呢!

最近,我们还发现了一种可以燃烧的冰,科学家管他们叫作"天然气可燃冰",更是一种超过以前所有燃料的好东西。

但是,看东西可千万不能光看表面呦,如果人类想要开采这些资源,我们愿意帮忙!

 ·赏罚分明·

作为邻居,我就大方一点儿,把当年大禹治水留下的定海神针送给你,它可是龙宫里最厉害的兵器,重一万三千五百斤!

如果你拿不动,我看就算了吧,别累坏了你!当然,你既然答对了我的题目,我就给你一份奖励吧,那就是——凤翅紫金冠一顶、锁子黄金甲一副、藕丝步云履一双。

秘密六：死不死，我自己说了算！

穿上了全套的战甲，手持如意金箍棒，这回可真威风凛凛！猴子猴孙们赶紧出来看看！

"大王，你真是帅呆了，酷毙了，简直没法比喻了！"猴子们也都非常高兴。看见孙悟空拿着一根铁棒子，便都凑上来左瞧瞧右摸摸，可是不管大家怎么用力，这个铁棒子竟然分毫不动。猴子们一个个使着劲儿，脸憋得通红，"大王，这个你怎么拿回来的啊？也太沉了。"

"这个你们就不知道了？这个叫如意金箍棒，重一万三千五百斤，可大可小，看我给你们表演一下。"只见孙悟空拿起金箍棒，喊道："小！小！小！"金箍棒立马变成了一根绣花针大小。"大！大！大！"金箍棒一下子变成了一根支撑天与地的大柱子。

这么大的动静，一下子就惊动了四周所有的妖王们，他们见孙悟空这

么神通广大，纷纷来拜会祝贺。孙悟空也乐得交朋友，摆下了酒席，大家互相敬酒，很快就成了好朋友。其中牛魔王、蛟魔王、鹏魔王、狮驼王、猕猴王、禺狨王，算上美猴王孙悟空，更是结拜成了兄弟，过得好不快活。

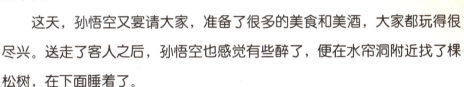

这天，孙悟空又宴请大家，准备了很多的美食和美酒，大家都玩得很尽兴。送走了客人之后，孙悟空也感觉有些醉了，便在水帘洞附近找了棵松树，在下面睡着了。

这时忽然来了两个人，手里拿着公文，上面写着"孙悟空"三个字，不管三七二十一就用锁链把孙悟空的魂魄给套住了。拉着孙悟空，一路跌跌撞撞，来到了一座城的门口。孙悟空抬头一看，"妈呀！这不是阎王爷住的地方吗？我怎么会来到这里呢？"

读名著学常识

三堂会审

那两个人回答他:"你的寿命到了,我俩奉命来勾你的魂魄!"

"不对不对,我老孙已经成了神仙,不归阎王管了,你们肯定是抓错了!"孙悟空非常不高兴。可是这两个人也不管孙悟空怎么说,非要把他拖进去。这下子可把美猴王惹生气了,拿出金箍棒,左一棒右一棒把两人都打成了肉饼,接着就在阎王爷的地盘大闹了起来。鬼卒赶紧报告给了阎王爷,阎王爷见孙悟空能耐这么大,又正在气头上,赶紧说好话:"对不起对不起,一定是我们搞错了,这位神仙就不要再打了。"

"不对不对!你休要骗我!快把生死簿拿来给我看看。"孙悟空拿来了生死簿,看到了自己的名字,更生气了。原来这个上面还真有自己的名字啊!"阎王老儿,这回你怎么给我解释,快快给我把名字划掉!"孙悟空拿着金箍棒,说话底气很足。

"想划掉也容易,就让我先来考考你:人为什么不能永远活着?"

A. 人难免碰到意外;

B. 地球上资源有限;

C. 永远活着地球上的人就太多了;

D. 细胞丧失了活力。

 孙悟空凝神想了想,回答道:"我选D。"

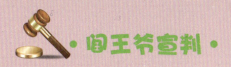

齐天大圣也不知道的小秘密

不错不错，这位大仙果然水平很高，懂得很多。

秦始皇梦想长生不老，请道士大炼仙丹，又派五百对童男童女乘船去海上仙山，幻想能找到长生不老药，然而，最终还不是要上我这儿来报道。生老病死是自然规律，任何人都不得违背。

其实人类的寿命现在已经得到了大大的提升，这些都要归功于医疗条件越来越好，和物质条件的逐渐丰富。当人类还在茹毛饮血，每天靠打猎和采集野果过日子的时候，总会碰到各种危险，得了病也没有人会医治，所以他们的寿命也就只有30岁左右。不过即使再长寿，也终归还是要死亡。这都是因为人类身体中的细胞，它们的分裂次数是有限的，每一次复制，都会让他们损失掉一些遗传信息，直到细胞不能再复制，人就会死亡。

赏罚分明

既然这位大仙给了我正确的答案，我就划掉你的名字吧。不过你可不能告诉别人，因为我这是属于违规操作，天上的玉帝要是知道了，一定要批评我的！什么什么？你还不满意？好吧，奖励就奖励，反正也划了，索性就……给你点奖励，那就是——划掉生死簿上所有花果山猴子猴孙们的名字！

秘密七：上天当官？听起来不错嘛！

孙悟空见阎罗王还算是好说话，自己这次也算没白来，就打算走了。哪知刚出了阎罗城，却忽然被脚下的树枝绊倒了。猛地一下，孙悟空一下子醒了过来，原来是梦啊。孙悟空伸了个懒腰，赶紧把猴子猴孙们都叫了过来，把划掉生死簿这件事跟大家说了。大家都高兴得不得了，因为花果山有很多年纪大的猴子，小猴子们都不舍得自己的亲人被阎王勾走。大家都很感激孙悟空这个大王，于是又找来各路朋友，庆贺了一番。

与此同时，美猴王不知道的是，被他拿走定海神针如意金箍棒的东海龙王和阎王正在告他的状呢。原来东海龙王根本没想到孙悟空真的能拿得动一万三千五百斤

的定海神针,现在宝贝被孙悟空拿走了,非常后悔,非常生气。

阎王也很生气,孙悟空刚刚去阴曹地府大闹了一番,打伤了不少鬼卒,还改了生死簿,这事让玉帝知道,肯定要怪罪他,还不如自己先来找玉帝说明白为好呢。玉帝是天上所有神仙的皇帝,他高高地坐在凌霄宝殿上,听完东海龙王和阎王的诉说,心里也觉得这个猴子做得有些过分,便向底下的文官武将们问道:"这只猴子能耐还挺大的,不过怎么老是捣乱?哪位神将愿意下界去把他降服住?"

话还没说完,旁边的太白金星说话了:"陛下,这个猴子虽然是石头里面蹦出来的,不过非常聪明伶俐,如今又得道成仙,有了一身的本领,我看不如让他来天宫,封他个一官半职。这样他就要听我们的命令,为我们效力,也省得劳师动众。"玉帝听了觉得这个主意很好,于是就派太白金星去招安孙悟空。

　　太白金星领了旨，出了南天门，来到了花果山水帘洞。找来了一只小猴子，说："我是天上派来的神仙，特来找你们的大王上天当官的！"小猴子一听不敢怠慢，赶紧报告大王："大王，外面来了个白胡子老头，说领你上天当官呢！"孙悟空一听，心里也是很高兴的，"快请进来。"

　　太白金星说明了来意，孙悟空很高兴，吩咐好自己的猴子猴孙们要好好操练，然后就跟着他上了凌霄宝殿。来到凌霄宝殿，孙悟空也不给玉帝行礼，两边的神仙都大惊失色，"这个野猴子，真是不懂规矩！"

　　玉皇大帝倒是没有怪他，开口问道："你就是孙悟空？"

　　"正是老孙！"孙悟空大声回答。

　　"如今我传旨招你上天来当官，你可愿意？"玉帝问道。

　　"愿意愿意！"孙悟空很高兴。

　　"既然愿意，那我来考考你，这天宫的官也不是白当的。"

　　题目是：马一直是由人养的吗？

A. 一直是；

B. 开始不是，后来是；

C. 有的马是，有的马不是；

D. 从来不是。

 孙悟空挠了挠头，说道："我选B！"

齐天大圣也不知道的小秘密

看来太白金星的建议还是不错的，你虽然是个下界的妖仙，不过倒也有些智慧。

你答对了！答案是 B。

马的祖先叫作"始祖马"。如果你觉得它一定是个庞然大物，那你就错了。恰恰相反，它只有大概……你看看二郎神的哮天犬吧，就那么大。高不到一尺，长不过二尺。始祖马生活在五千万年前，当时的它们可是自由自在的，不需要和人类在一起的。那个时候气候温暖，食物丰富，马儿们也不需要太多的奔跑，所以长得很小。

到了后来，气候发生了变化，始祖马为了生存，才逐渐变成了现在的模样。

后来，当人类成了地球的主宰，人类驯化了马，让马来帮助他们干活。根据曾经出土的文物来判断，人类早在五千五百年前就驯化了马，并用马来拉车和骑乘了。

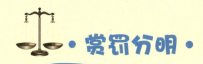

妖仙孙悟空听令！鉴于你答对了我——玉皇大帝的问题，那么我就让你当个天宫里的官差，这也是答对问题的奖励，那就是——封你为弼马温！

秘密八：原来是让我扫马圈？不干不干！

孙悟空被封了官，欢欢喜喜地就跑去上任了。手下们摆了酒席，一起给孙悟空贺喜。喝的正高兴呢，孙悟空突然问大家："我这个弼马温是个啥样的官衔？算是几品官呢？"大家答道："就是个名称，也谈不上品级。"

"没有品级？那是不是最大？"孙悟空有些糊涂。

"呃……这个，没有品级就是最小的意思，就是养马的，所以算不了什么。"听大家这么一说，孙悟空顿时火冒三丈，想到自己在花果山上可是当了大王，这个玉帝竟然骗我来给他养马？真是岂有此理！想到这儿，火气又往上涨了不少，当时就掀翻了桌子，转身走了。

回到了花果山，花果山的变化好

齐天大圣也不知道的小秘密

大啊？自己只不过去了十几天，怎么大家的样子都变了？原来天上一日，人间就是一年，在猴子猴孙们眼里，他已经去了十几年了。孙悟空把玉帝骗他养马的事跟大家说了，大家都纷纷劝大王不要生气，还是留在花果山逍遥快活多好。一个老猴子说："大王，我看您不如叫齐天大圣吧！以后不必受别人的气。"

"好！"孙悟空听了顿时把之前的郁闷忘掉了，并马上做了个"齐天大圣"的旗子挂起来，"孩儿们，从此以后就叫我齐天大圣！"孙悟空得意洋洋地说。

孙悟空私自回花果山，又自封齐天大圣，这下玉帝可是生气了。于是派了托塔李天王领着天兵天将杀到了花果山。孙悟空也不示弱，领着猴子猴孙们出来应战。天宫派出巨灵神当先锋，被孙悟空一棒子打飞了出去。天宫又派了哪吒三太子出来应战，只见他变作三头六臂，战斗力顿时暴涨了三倍。但孙悟空也马上变作三头六臂，又拔下一根毫毛，化作真身，一下子连哪吒也打败了！

没办法，托塔李天王只能暂时退兵。

三堂会审

听到自己派去的天兵天将大败而归，玉皇大帝非常惊讶，"想不到这妖猴还有这般能耐，不过非要叫齐天大圣，这也太狂妄了！再多派些天兵天将，一定要把他抓回来！"

这时候太白金星又站了出来，"陛下息怒，请听老臣一言。我看这个妖猴，陛下也不必太过在乎，他想叫什么就让他叫什么吧，不过是有名无实。何必如此费心费力，让老臣来处理就好。"玉帝想了想，太白金星说得也对，于是就又派他去找孙悟空了。

再次来到花果山，小猴子已经认识他了，于是领着他见孙悟空。太白金星知道了孙悟空的厉害，赶紧客气地说："美猴王有如此本领，上次封的官职确实有些小了。不过想叫齐天大圣，我还得考考你！"

题目是：太白金星真的存在吗？

A. 当然存在，不就在你的眼前吗；

B. 不存在，是神话里面的；

C. 存在，就是太阳系里的金星。

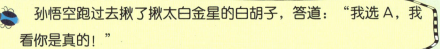

孙悟空跑过去揪了揪太白金星的白胡子，答道："我选A，我看你是真的！"

太白金星宣判

齐天大圣也不知道的小秘密

哈哈，美猴王啊美猴王，这次你可选错了，正确答案是 C。

真正的太白金星是太阳系中八大行星之一，它离太阳第二近，仅次于水星。它一般叫金星，古代的人才称它为太白金星，它有时黎明前出现在东方天空，被称为"启明"；有时黄昏后出现在西方天空，被称为"长庚"。在我们所能看到的星星里，它是最亮的。

有人说金星是地球的妹妹，确实，金星和地球有很多相似的地方，大小也比较接近。不过金星上没有水，温度又太高，加上极高的大气压力和严重缺氧等残酷的自然条件，估计上面不太可能有生命的存在。

看来，金星和地球这对姐妹是"貌合神离"啊。最可怕的是，金星上有一层厚达 20 公里到 30 公里的由浓硫酸组成的云彩，这简直太可怕了。人类想到上面去，简直比登天还难啊！

赏罚分明

美猴王，这次你可猜错了！你打败了天兵天将，证明了你的神通广大，玉皇大帝已经同意让你当齐天大圣了。不过因为你答错了我的题目，我就要惩罚你，齐天大圣听好了，我的惩罚就是——你去看守蟠桃园。

秘密九：让猴子看桃子？嘘……

既然答应了自己的要求，孙悟空也就懒得追究，又稀里糊涂跟着太白金星上天了。齐天大圣虽然叫起来厉害，不过也并没什么实际工作好干，于是便被派去看守蟠桃园。

来到蟠桃园，只见那里的大力士们，有的负责锄草，有的负责浇水，有的负责修剪树枝，都在忙碌着。见到大圣来了，蟠桃园的土地神仙赶紧从土里钻了出来。孙悟空看到这一大片的桃园，心里非常高兴。

"这里有多少棵桃树？"孙悟空问土地爷。

"禀告大圣，这里有三千六百棵。前面一千二百棵，花朵小果子也小，三千年一成熟，人吃了能得道成仙，身体健康。中间一千二百棵，花开得很多，果实也甜，六千年一熟，人吃了就能白日飞升，长生不老。后面一千二百棵，结出的桃子上是紫色的条纹，里面的桃核上都是深深的纹路。"

孙悟空听了非常高兴，便经

常过来察看。

等了好久,桃子终于熟了,齐天大圣再也忍不住了,一定要尝个鲜。他把干活的大力士们都支走了,把衣服一脱,尽情地吃起了桃子。从那以后,他就隔三差五跑去偷吃一顿。

就在齐天大圣过着逍遥小日子的时候,天宫里也开始忙碌起来。原来天宫里的蟠桃宴就要开始举办了,这可是天庭的头号盛事。玉帝的老婆王母娘娘派了自己的七个女儿——七仙女来到蟠桃园采摘蟠桃。可是这时候,齐天大圣刚吃饱正睡午觉呢,七仙女只得自行进园子里摘桃子。

七仙女分别是红衣仙女、青衣仙女、素衣仙女、皂衣仙女、紫衣仙女、黄衣仙女、绿衣仙女,她们一个个拿着篮子,走进了蟠桃园。可一进去就大吃一惊,往常硕果累累的蟠桃园,如今怎么只剩下些没有成熟的青桃子。七仙女慌张了起来,把正在桃树上睡觉的孙悟空给吵醒了。

"你们是什么人?怎么敢来偷桃子!吃俺老孙一棒!"孙悟空从树上跳了下来,吓得七仙女花容失色。

读名著学常识

三堂会审

"大圣息怒。我们可不是来偷桃子的，我们是来摘桃子的。天界最盛大的聚会，是由我们的母后王母娘娘主持的，是她命令我们来摘桃子款待贵宾的。可我们在门口找不到大圣，所以才自己进来，请大圣不要怪罪啊。"七仙女赶紧解释。

"贵宾？VIP？都有谁？一定也有我这个齐天大圣喽，我在天庭可是响当当的人物！哈哈！"孙悟空对自己的称号可是相当自豪的。

"请西天佛祖、南海观音、南极仙翁、五斗星君、太乙天仙……"七仙女数了无数的神仙，可是里面都没有孙悟空。

"怎么没有我？是不是你们记错了。"孙悟空有些生气了。

"大圣如果想去，就先让我们考考你。"

题目是：所有的桃花都会结出桃子吗？

A. 会；

B. 桃子和花无关；

C. 有的花不会结出桃子；

D. 桃子比花多。

 齐天大圣成天光顾着吃桃子了，对桃花不感兴趣，就随便说："B，大概是B吧。"

齐天大圣也不知道的小秘密

不，不，不，大圣你错了！正确答案应该是 C。看来你这个齐天大圣是徒有其名嘛。

我们知道，没有花自然不可能结果子。可是有了花，还要看花朵是不是"谎花"，因为谎花一样结不出果子，还有，若是没有"媒婆"来授粉，也是不行的。

先说这个谎花。正常的花朵里面有雌蕊和雄蕊，花粉从一朵花的雄蕊传递到另一朵花的雌蕊，就完成了这个授粉的过程。而谎花只有雄蕊，没有雌蕊，所以不能接受外来花粉，这是一种退化现象。

而我们勤劳的"媒婆"，则是指各种小昆虫，比如蜜蜂和蝴蝶，花朵开出美丽的颜色，散发诱人香味儿，甚至淌出甜美的花蜜，都是为了招引这些"媒婆"。当它们专心于花蜜的时候，花粉也沾到了它们的身上。擅长飞行的它们继续寻找别的花蜜，就把花粉同时也传播了出去。

所以，不是所有的桃花都会结出桃子的。因为，有的桃花只开花不结果，是欺骗"媒婆"、掩人耳目的"谎花"。

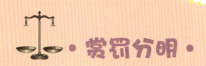

大圣，既然你没有答对我们的问题，就不要怪我们不留情面，我们的惩罚就是——不许参加蟠桃会！

秘密十：太上老君下过凡吗？

听了七仙女的话，孙悟空越想越生气，原来自己这个齐天大圣还是没有人瞧得起啊。七仙女的题目也没有回答上来，孙悟空不自觉地有些脸红，于是对众仙女道："定！定！定！"使用了定身法，把七仙女一个个都定在了原地，自己跑了出去。

走着走着，碰见了赤脚大仙，孙悟空灵机一动，想出了一条妙计。他假传玉帝的旨意，骗赤脚大仙去了别的地方，赤脚大仙是个实在人，没有多想，就去了。然后孙悟空自己变作赤脚大仙的模样，前往蟠桃宴。

齐天大圣也不知道的小秘密

蟠桃宴在瑶池举行,孙悟空变的赤脚大仙到得最早,别的客人都还没有来呢。不少的仙官和道童在打理着筵席的酒菜。看到桌子上的珍馐美味,孙悟空口水都流了下来。可是有人在,这可怎么办呢?

孙悟空又想到了一个办法,他把毫毛拔下来几根,放在嘴里嚼碎了,喷出去,叫:"变!"立马变出不少瞌睡虫来。没两下子,这伙人就都呼呼大睡起来。这下孙悟空高兴了,不管三七二十一,先是大吃大喝了一顿。喝了不少酒,忽然想到,如果被大家发现了,就不好了,自己还是赶紧走吧。

因为喝醉了酒,走起来摇摇晃晃的,就连路也不认识了,不知不觉走到了兜率天宫。一见上面的牌子,心想:我怎么走到了三十三天之上来了,这里不是那太上老君的地盘嘛。不过既然来了,我不如就去找他串个门。想到这儿,孙悟空就进了兜率天宫,却发现里面没有人。原来太上老君出去拜访好朋友燃灯古佛去了。

孙悟空倒也不客气,自己在屋子里转悠了几圈,左瞧瞧右看看。最后跑到太上老君的炼丹室里去了。炼丹室里的炼丹炉中燃着熊熊的烈火,旁边放着五个大葫芦,里面都是太上老君炼制的金丹。

三堂会审

　　孙悟空也不客气，心想：都说太上老君的金丹是神仙眼里的超级宝贝，今天我倒要尝一尝，趁他不在，我就吃几粒。于是，便拿起葫芦一股脑倒出来，像吃炒豆子似的，都给吃了。

　　吃完了金丹，觉得酒醒了不少，自己想了想，顿时觉得闯了大祸。

　　"不好！不好！这回这祸恐怕惹大了，我还是下界坐我的大王去吧。"说完，孙悟空就直奔南天门。

　　来到南天门，四大天王拦住了齐天大圣的去路，"大圣这么着急，这是要去哪里呢？"

　　"快闪开，我要去花果山一趟，别耽误我办事儿？"

　　想过南天门，就要先回答问题，我看你刚从太上老君处过来，我就问你一个问题。

　　题目是：太上老君就是老子吗？

A. 是的，就是一个人；

B. 不是，是不相干的两个人；

C. 是太上老君的分身；

D. 是太上老君的双胞胎弟弟。

 孙悟空喝醉了，有些迷糊，只能勉强答道："我就选 D 吧。"

四大天王宣判

虽然你打架很厉害，可是答题就不行了，你选错了，正确答案是A。

老子，又叫老聃、李耳，是中国古代伟大的哲学家和思想家，道家学派创始人。虽然说他不是道教的直接创始人，但是道教是根据他的一部书《道德经》发展出来的，所以道教把他奉为开山祖师，"太上老君"就是对他的尊称。

再就是传说中他老人家活了160多岁，所以大家都相信他已经成了神仙，就把他作为道教的最大的神仙来景仰了。

所谓"太上"，就是最高、最上之意，也就是说没有比这个更高更上的了。除此之外，它只用于指皇帝、太上皇等。而道教在其最高神的名字前冠以"太上"二字，其尊敬程度可见一斑！

所以，太上老君可是很厉害的呦，齐天大圣你可千万不能惹怒了他老人家！

齐天大圣也不知道的小秘密

赏罚分明

这道题没有答上来，本身就是对太上老君的不尊重，大家都是道家的神仙，不识祖师，绝对该罚。孙悟空听着，惩罚就是——不准你回花果山。

秘密十一：天宫？拆！

孙悟空又答错了问题，被四大天王拦在了南天门。孙悟空灵机一动，随便应付了一下四大天王，转身走了。走到了没人的地方，孙悟空念动法诀，变成了一只小虫子。小虫飞到了南天门，在门口站岗的四大天王丝毫没有注意到。于是，孙悟空顺利地回到了花果山。

另一边，七仙女摆脱了定身法之后，哭哭啼啼地跑去找王母娘娘告状。王母听完又跑去找玉帝告状。这回玉帝可是再也不能忍受这只野猴子了，今年的蟠桃宴算是被孙悟空给彻底搞砸了。玉帝大动肝火，这次派出了天宫最强大的阵容，一定要把猴子捉拿归案。

于是，刚刚被骗了的四大天王，协助托塔李天王和哪吒三太

齐天大圣也不知道的小秘密

子,点二十八星宿、九曜星官、十二元辰……共十万天兵,布下了天罗地网,把花果山围了个水泄不通。

"当我是被吓大的?"孙悟空的倔脾气也上来了,正好检验一下猴子猴孙们操练得好不好。

于是,两军开始了针锋相对的擂台赛。

天宫一方首先派出了长相凶恶的九曜星官,花果山则是由美猴王孙悟空应战。九曜星官是九个人,可是孙悟空一点儿也不畏惧。他把金箍棒一会儿伸长一会儿缩短,挥舞得密不透风,九曜星官根本对他毫无办法。斗了没几个回合。孙悟空把金箍棒变大,巨大的一根铁棒一下子把九曜星官砸趴下了。

第二场,天宫一方派出了二十八星宿和四大天王,花果山一方则派出了独角鬼王、七十二洞妖王和四位花果山的猴将军。这次花果山派出的都是孙悟空之前结交的好朋友,不过他们的能耐可是不如孙悟空,没多久就都被天兵天将们抓住了,绑了起来。

"快放了我的朋友们!"孙悟空驾着云彩来到阵前,指着托塔李天王喊道。

托塔李天王知道孙悟空的厉害:"好你个弼马温,如今犯下这么大的罪,还敢如此猖狂。"说完赶紧派出了哪吒和四大天王挡在前面。

读名著学常识

三堂会审

孙悟空从身上拔下一把毫毛，放在手中往外一吹，叫了一声"变！"顿时变出了千百个一模一样的孙悟空，每一个孙悟空都拿着金箍棒挥舞着，一下子把天兵天将镇住了，谁也不敢上前。千百个一模一样的孙悟空齐声说道："难道我齐天大圣还怕了你们不成！赶快放了我的猴子猴孙和朋友们！否则我就打上天宫去，把凌霄宝殿给拆个稀巴烂！"

托塔李天王气得直吹胡子瞪眼："好你个妖猴，如此大胆，竟然口出狂言！好，那我就考考你！看看你有没有这个能耐！否则你就是光说不练！"

听好了，题目是：天上真的有天宫吗？

A. 有，就是凌霄宝殿；

B. 有，而且应该叫天界，住着很多神仙；

C. 没有，天空上面什么也没有了；

D. 没有天宫，但是有保护人类的大气层。

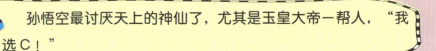

孙悟空最讨厌天上的神仙了，尤其是玉皇大帝一帮人，"我选C！"

托塔李天王宣判

哈哈，你这只野猴子，还想打上天宫，连这么简单的问题都没有答对！正确答案应该是 D。

天上除了有看得见的云彩，还有看不见的大气层。在地球引力作用下，大量气体聚集在地球周围，形成数千公里的大气层。大气层像是一个厚厚的气垫，把整个地球包裹得严严实实。越是高处，大气层的密度就越低，也就是说那里的气体越少。

大气层主要的成分就是我们所说的空气，包括氮气、氧气、二氧化碳和一些稀有气体，还有水蒸气。

此外，大气层中有一层非常特殊的臭氧层，它保护着我们人类和动植物不会因为过多的紫外线照射而影响健康，是我们地球的守护神。而最近一些年，由于人类的化工生产造成的污染，导致了臭氧层的破坏，南极的上空已经出现了臭氧层空洞。这可是很危险的！

赏罚分明

哼！玉帝一而再再而三地迁就你，我可是早就看不下去了！你一个下界的妖猴，还能掀起什么风浪不成。既然你回答错误，就不要怪我心狠手辣，我的惩罚就是——把你捉拿归案！

齐天大圣也不知道的小秘密

秘密十二：你们竟敢放狗咬人！

孙悟空又一次答错了问题，自己也感到很气恼，气得哇哇乱叫。束手就擒是绝对不可能的，否则的话自己的猴子猴孙就要遭殃了。于是两边又战斗起来。一个孙悟空已经够天兵天将头疼的了，更何况现在有成百上千个孙悟空。四大天王和哪吒三太子一起冲了上来。可是，不管天兵天将人数有多少，孙悟空都能变出相应的数目来对付，个顶个地挥舞着金箍棒。结果，斗了半天，谁也没有讨到什么便宜，天庭只能暂且退兵了。

"陛下，这妖猴实在是太厉害，我们恐怕一时半刻还是拿不住他，还请您再派援军增援我们！"托塔李天王无奈，只能再来找玉帝。

玉帝想了想："这次我就派我的外甥——二郎神去捉拿他！看他还敢嚣张！"

要说这个二郎神可是非常厉害，可以说是天宫里的第一战神。额头上有一只天眼，神通广大，手持三尖两刃枪，身后还跟着他的好伙伴——哮天犬。这次他出马，孙悟空的麻烦大了。

二郎神来到阵前，大喊一声："反天宫的弼马温，快快出来受

死!"

孙悟空最讨厌别人说他是弼马温,这是他这辈子最大的耻辱。孙悟空生气地抡起金箍棒,和二郎神斗在了一起。两人枪来棒往,越打越激烈,打了大概三百个回合,谁也没有制服谁。这时只见二郎神念动法诀,摇身一变,变成了一个身高万丈的巨人,拿着同样变大的三尖两刃枪,冲着孙悟空的脑袋就砍了下来。

孙悟空见势不好,也赶紧使用神通,一阵变化,变得和二郎神一样的身高,挡住了这一枪。三尖两刃枪和金箍棒碰撞在一起发出了巨大的声音,天地都为之震动。两个巨人之间的争斗,别的人根本插不上手,去了一脚就会被踩扁。

这个时候,花果山上忽然乱了起来,原来天兵天将趁着孙悟空和二郎神打斗的时候,开始对猴子猴孙们下手了。孙悟空最担心的就是这个,于是他赶紧念动法诀,变成了一只小麻雀,想要飞走。二郎神也会变化,他变作了一只老鹰,追赶着麻雀。

三堂会审

孙悟空飞到水面，摇身一变，又变作一条小鱼，潜入水中。二郎神紧跟着变作一只鱼鹰，长长的大嘴就要吃掉小鱼。孙悟空躲开鱼鹰，冲到岸边，这次变作了一条水蛇，钻入了草丛中。二郎神变作了一只仙鹤，要用尖尖的嘴啄死水蛇。孙悟空顺着草丛，一下子溜出去很远，终于逃过了二郎神的眼睛。

最后，孙悟空灵机一动，变成了一个土地庙。嘿嘿，牙齿是大门，眼睛是窗户，只有尾巴不知道怎么办，那就变个旗杆吧。

这个主意真是太棒了，这回二郎神可找不到他了。看着他在天上来来回回寻找，四处张望的样子，孙悟空在底下正偷偷地乐呢。

"哎哟！疼死我了，这是谁家的狗啊？怎么咬人呢？快松开！"原来孙悟空被哮天犬靠着嗅觉给识破了，哮天犬一上来就咬住了孙悟空，疼得他一下子恢复了原形。

"哈哈哈，想让哮天犬松口，那就先回答我一个问题吧！"二郎神突然出现在孙悟空面前，得意洋洋地说道。

题目是：动物界里谁的鼻子是最灵的？

A. 当然是犬；

B. 老鼠；

C. 猪；

D. 玉蝶。

 孙悟空忍着疼痛，赶紧说："A，肯定是A！"

齐天大圣也不知道的小秘密

哈哈，你也算得上神通广大，不过懂得的知识还是太少。知道不？正确的答案应该是D。

你的答案不但是错的，而且是大错特错！这四个答案中，嗅觉最差的就是犬了。老鼠的嗅觉十分灵敏，比犬的嗅觉至少强十倍，有人甚至想要训练"警鼠"来取代警犬。它们体型小，适应性更强，更加方便。猪的嗅觉也要比狗强，这都是因为猪有一个大鼻子，上面的嗅觉细胞比犬的多好多倍，能够很好地判断食物是否有毒。

最后登场的是我们的冠军：美丽的王蝶！昆虫闻气味靠的可不是鼻子，而是它们的触角。不过可别小看这不起眼的触角，雄性王蝶能辨别出10公里外雌性王蝶的气味。这么远的距离，相对于它们微小的身躯，简直是太不可思议了！所以，王蝶才是当之无愧的嗅觉最灵敏的动物。

赏罚分明

管自己叫什么齐天大圣，我看你就是草包一个。还是我的哮天犬最给力，虽然它的鼻子不是最灵敏的，不过抓你是绰绰有余了。既然你答错了题目，我的惩罚和托塔天王一样，就是——把你捉拿归案！

秘密十三：哈哈，因祸得福！

又答错了题，哮天犬死死地咬住他，坚决不松口，孙悟空这下子跑不了了。被偷吃了辛苦炼成的仙丹的太上老君也来了，看孙悟空还在反抗，也要出手帮天兵天将制服孙悟空。他撸起衣袖，从胳膊上取下了一个金属圈，大喊了一声："看我金刚圈的威力！"一下子打在了孙悟空的头上。

太上老君的东西可都是宝贝，这一下可不轻，打得孙悟空头昏脑涨、浑身无力，只能被一拥而上的天兵天将给五花大绑了起来。

抓住了孙悟空，大家一阵欢呼，请来了玉帝和王母。玉帝问："孙悟空，现在你已经被捉住了，你服不服！"孙悟空挣扎着大喊道："不服不服！"玉帝大手一挥："把这个妖猴给我推出去斩了！"

得到了玉帝的命令，天兵立马押着孙悟空来到了斩妖台，绑在了降妖柱上。负责行刑的神官拿起砍刀，照着孙悟空的脖子就砍了下去。只听"当"的一声，火星四溅，砍刀的刀刃都卷了，孙悟空的脖子却连一点儿皮都没破。孙

悟空还在那里嬉皮笑脸，气得神官又换了更厉害的斧子，照着孙悟空的脑袋，使了比刚才还大的力气。"当"的又一声巨响，斧子也缺了口，孙悟空的脑袋还是什么事儿都没有。

"这妖猴生得铜头铁骨，快去禀告玉帝。"神官没办法了。

玉帝知道以后，赶紧命令火部众神放天火烧他，雷部众神放天雷劈他，可还是不能伤害孙悟空的一根毫毛。原来，孙悟空吃了许多的蟠桃，又喝了御酒，还吃了太上老君的宝贝仙丹，已经有了金刚之躯。这可愁坏了玉帝，如此一来，难道就不能惩罚孙悟空了不成？！

这时候，太上老君又走了过来："陛下不必烦恼，虽然刀砍斧剁、火烧雷劈都不能降服孙悟空，但是我有一个办法！只需要把他放在我炼丹用的八卦炉中，不管他是什么金刚铁骨，几天下来，一定会炼成一堆灰的。"

玉帝很高兴，于是把孙悟空交给了太上老君。接着宴请了大胜而归的天兵天将。尤其是自己的外甥二郎神，这次立下了第一大功，获得了很多的封赏。

三堂会审

　　另一边,太上老君把孙悟空带回了自己的兜率宫,扔进了八卦炉,点上了火,还找来了童子看守。炉子里面熊熊的烈火正在燃烧,孙悟空在哪呢?原来他躲在了一个没有火的小角落里。不过炉子里的温度实在是太高了,烤得孙悟空睁不开眼睛。外面的童子不断地往炉子里面扇着风,一阵阵风刮起了炉子里的灰,眯了孙悟空的眼睛。孙悟空赶紧用手揉眼睛,可是越揉越是睁不开。难道,自己的眼睛要瞎了吗?孙悟空也不禁发起愁来。

　　就这样受着煎熬,不知不觉过了七七四十九天,大家都以为孙悟空早已经化成了灰烬。可是,当太上老君仔细观察八卦炉里面的时候,却发现孙悟空还活着,而且两只眼睛冒着闪闪的金光,炼成了一对能洞察一切的火眼金睛。

　　"快放我出去!"孙悟空大喊道。

　　"想出来,那我要考考你了!"

　　题目是:下面四种动物,谁真的有"火眼金睛"?

A.猫;

B.鹰类;

C.大王乌贼;

D.青蛙。

 孙悟空非常想出去,于是仔细地思考了一下:"我选B!"

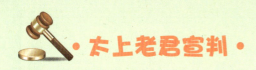

·太上老君宣判·

齐天大圣也不知道的小秘密

想不到炼了你七七四十九天,你还没有被烧糊涂!这次你答对了,正确答案就是B。

猫在哺乳动物中,眼睛占整个身体的比例最大,非常灵敏,可以很容易地察觉到周围的异动。猫的夜视能力也很强,可以在夜间活动,它算是哺乳类动物中眼神很好的一员了。

而大王乌贼呢,因为它生活在深海,那里对于人类来说简直就是一片漆黑,不过对于大王乌贼,却一点儿也难不倒它!因为,它有的是办法可以照明。这都是因为它有一颗巨大的眼球,可以快速聚光的缘故。

青蛙则是拥有很好的动态视觉,不管是多小多快的虫子,只要从它眼前飞过,就会被它一口吃掉!

最后登场的是压轴选手,冠军——鹰,它是动物界中视力最好的,视野范围可以达到36公里。即使在几千米的高空中,鹰也能轻易地发现隐藏着的野兔。你说它视力好不好?

·赏罚分明·

想不到你这石猴,身子骨结实,脑子也不笨,是个好材料,可惜就是太调皮了。总之,既然你答对了题,那我也言而有信,不再追究你偷吃我仙丹的事了,而且,我还会兑现承诺——把你放出八卦炉!

秘密十四：到天边了吗？我先方便一下！

从太上老君的兜率宫出来之后，孙悟空越想越生气，这个玉皇大帝欺人太甚，凭什么要由他来决定自己的命运，这次我要自己说了算！

敢想敢干的孙悟空说着就飞向了凌霄宝殿，路上碰见了站岗的天兵天将。他不问缘由，上去就乱打一气，结果谁也不是他的对手。之前的九曜星官和四大天王，都被孙悟空的金箍棒一棒子不知道打出了多远。现在，已经没有人能拦得住孙悟空了，很快他就冲到了凌霄宝殿。

守卫凌霄宝殿的是天兵天将里非常厉害的佑圣真君，他自己抵挡了一阵，又叫来了三十六员雷将，一起将孙悟空团团围住。孙悟空什么时候怕过敌人人多，他摇身一变，变作三头六臂，连如意金箍棒也变成了三根，同时挥舞着，好像三台飞速旋转的电风扇，谁也不能靠近。于是，两边就这样僵持起来。

孙悟空打到凌霄宝殿的消息很快传到了玉帝的耳朵里，这下玉帝着急了。没想到这个妖猴竟然这么厉害，这要是真的让他打坏了凌霄宝殿可如何是好？！玉帝实在是没有办法，只好派人去西方请如来佛帮忙降服孙悟空。

收到了玉帝的请求，如

齐天大圣也不知道的小秘密

来佛立即赶了过来。只见他来到孙悟空面前，显出了自己的法相金身，身高万丈，比孙悟空不知大了多少倍。如来佛端坐于云端，表情严肃，看起来好不威严，一下子把孙悟空震慑住了。

"我是西方极乐世界如来佛，我听说你多次违犯天条，不知道你为什么要这么干呢？"如来佛巨大的声音好像在耳边敲响了一口大钟。

"天条是谁定的？我为何要遵守？常言道，皇帝轮流做，明年到我家。我看让我来当这个玉帝不错，我的能耐要比他大多了！"孙悟空一点儿也不示弱。

"好一个口出狂言的妖猴！你有什么能耐敢夸下如此海口。"如来佛问孙悟空。

"可不要小瞧我！我的手段多着呢，除了长生不老，我还会七十二变，我还会驾筋斗云，一个跟头就是十万八千里，为啥我就不能当天上的皇帝呢？"

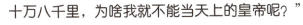

59

读名著学常识

三堂会审

"好吧，那我就和你打个赌，你只要一个跟头能翻出我的手心，我就跟玉帝说让你当天上的皇帝。"说着，如来佛伸出了右手。

"好，一言为定。"孙悟空一下子跳上如来佛的手掌，然后施展筋斗云，只见一路云光，瞬间飞过了好远的距离。孙悟空飞着飞着，忽然看见了几根肉色的柱子，心想，大概是到了天尽头了吧。他怕如来佛不承认，于是掏出了笔在其中一根柱子上写上了"齐天大圣到此一游"。写完了又不放心，在柱子根下又撒了一泡猴尿。然后，他又驾起筋斗云飞了回来。

来到如来的面前，孙悟空洋洋得意地说："我都飞到了天尽头了，看你这次怎么说？"如来哈哈大笑，你看看你脚下。孙悟空低头一看，在自己脚下，如来的手指根上确实有一行小字——"齐天大圣到此一游"，闻了闻，还有一股尿骚味儿。

"嘿嘿，你想逃出我的手掌心？先来回答我的问题吧！"

题目是：人喝进去的水有多少会变成尿？

A. 全部；

B. 一半；

C. 大约三分之一；

D. 十分之一。

 孙悟空想了想，"我选择A！"

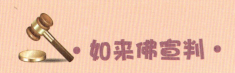

齐天大圣也不知道的小秘密

你这个嚣张的妖猴，还想做皇帝？！这道题你答错了！正确答案应该是C。

人的身体里有很多的水分，大约占了70%。人每天补充一些水，排出一些水，体内的水总是在不断更新。通过水的更新，人可以排出身体里废弃的细胞残骸。但是不管怎样，更新总量是不变的。那么，我们喝到肚子里的水，究竟是怎么消耗掉的呢？

原来，人会流汗，流汗可以帮助人维持体温。这就消耗了大量的水分，尤其是炎热的夏天。即使皮肤不排汗，平时也会有一部分水分蒸发出去。此外，还有一部分的水分是在呼吸道中消耗掉，因为鼻腔要将进入肺部的空气湿润。当我们呼气的时候，这些湿润的空气就会排出去，带走了一些水分。加上，水本身还会参与体内一些物质的合成，这又消耗掉了一些水。

到了最后，只剩下一些带有废物的水分，它们通过大小便排出体外。

赏罚分明

做错了事就要受到惩罚，玉帝的位置岂是什么人都能坐的？！如今你答错了我的题，就得甘愿受罚！我将用手变出一座五行大山，将你压在五行山下！

读名著学常识

秘密十五：师傅，我等得好辛苦啊！

就这样，大闹完天宫的孙悟空，被如来佛压在五行山之下，怕孙悟空冲破大山，如来又贴上了一道法咒。天上的神仙们都非常高兴，尤其是玉帝，他为了感谢如来，再次大摆筵席，同时也宴请所有天宫的神仙。天宫里一片热闹的景象。

再来看看被压在五行山下的孙悟空吧，他不能翻身，也不能动，只有一个脑袋露在外面，连挠个痒痒都不行了，实在是难受得要死。平时倒是有山神和土地来照看一下他，但是从来也不敢跟他说上几句话。如今真是叫天天不应，叫地地不灵，忍耐着寂寞，孙悟空不知道自己的未来还有没有希望？

光阴荏苒，就这样一晃五百年的光阴就过去了，孙悟空怎么样了呢？

这一天，心地善良的观音菩萨来到了五行山，特地看望孙悟空。她打算带给孙悟空一个好消息。远远地，观音就瞧见孙悟空被压在山下，只露个脑袋，脑袋上都长草了，真是可怜。

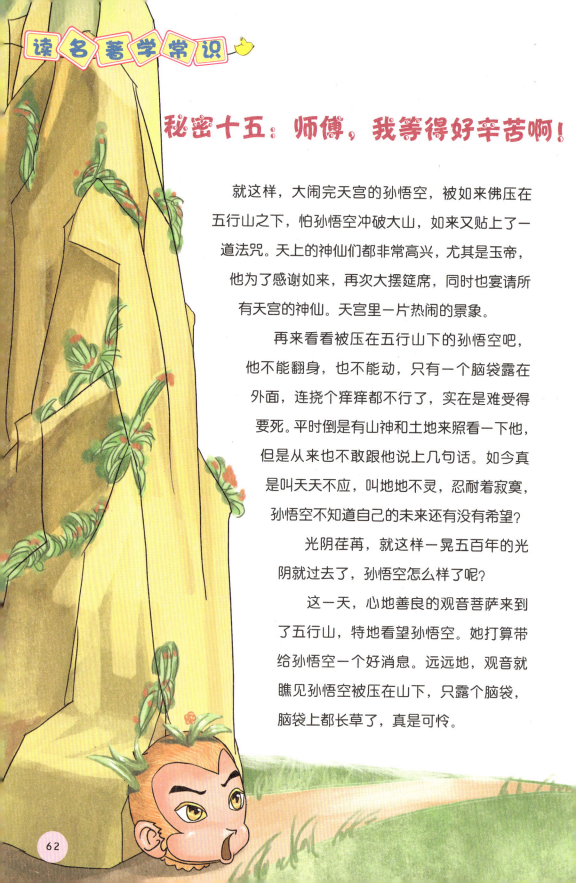

齐天大圣也不知道的小秘密

"孙悟空，你可认识我？"菩萨问道。

"认得认得，你是救苦救难、大慈大悲的观世音菩萨，今天你来到这里，求求你把我救出去吧，求求你了……"孙悟空在这里度日如年，实在是待不下去了。

"我怕你出来之后，又干坏事……"

"不会不会的，我已经悔改了，我以后愿意好好修行，再也不做坏事了。"孙悟空忙抢着说。

"好吧，我相信你，不过要救你的人不是我，而是从东土大唐来的取经人。过不了多少日子，他就会从这里经过，到时候他自然会救你脱离苦海的。救你出来之后，你就跟他做个徒弟，入我佛门，好好修行吧。切记，以后不能再干坏事了。"菩萨把好消息告诉了孙悟空。

"菩萨，那我师傅什么时候来啊？我急死了，这里我一天也不想多待。"孙悟空央求着菩萨。

"耐心等待，很快就来了，五百年都过去了，你还差这一时三刻不成？"说完，菩萨转身走了，留下孙悟空满怀希望地等待取经人。

三堂会审

这一晃又是半个月过去了，取经人唐三藏终于来到了五行山附近。他走着走着，忽然听见喊声如雷："师父，师父，你来了吗？……"唐三藏不知道是谁一遍又一遍不停地在喊。于是，他找了附近的人家询问。

这时，当地人告诉他，附近有座五行山，那里困着一只石猴，他不怕热不怕冷，饿了就吃铁丸子，渴了就喝铜化成的水，怪吓人的。唐三藏听了，觉得很奇怪，不禁想要去看个究竟。来到近前，孙悟空一看是个和尚模样，便高兴地大叫："师父，师父，你可来了！让我等得好辛苦啊！"

唐三藏一愣，不明白是怎么回事儿。不过他看孙悟空压在山下怪可怜的，便问道："你是什么人？我又该怎么救你呢？"

"我是当年大闹天宫的孙悟空，被如来佛压在了这里！前几天观音菩萨特地来告诉我，说等您来了就会救我。请您收我为徒吧，我会保护您去西天取经的！"

"原来如此，不过让我救你倒是可以，先要考考你的本事才行。"

题目是：山怎样才能被移走呢？

A. 找神仙或者愚公帮忙；

B. 把山上的树砍光；

C. 使用大型机械。

  孙悟空认真想了想，"我选C。"

唐三藏宣判

齐天大圣也不知道的小秘密

虽然你不是人类，但是看起来还挺机灵的，心地也不坏。你答对了，正确答案就是C。

人类的智慧是无穷的，不用靠神仙，也不用多少人力，只要有了先进的科学技术生产出来的大型矿山机械，就可以轻松地移走一座大山了。

世界上最大的挖掘机有95米高，215米长，重量达到了4.5万吨。可以这么说，光是这个挖掘机，就快有一座小山那么大了！设计和建造这个庞然大物得花费长达五年的时间，它有20个铲斗，装在一个旋转的圆盘上，随着圆盘的转动，每一个铲斗都会参与到挖山的工作中。光是一个铲斗，就可以装15立方米的土石。而只要旋转起来，20个铲斗就会不停地铲起土石，速度快极了！如此高效地挖山，除了机械以外，竟然只需要5个人，真是太神奇了！

最后，铲下来的土石就可以用世界上最大的卡车运走了。这种卡车一次能装载400吨重的石头呢！

赏罚分明

不管你以前干了什么，我相信你以后一定能改邪归正！取经的路上危险重重，我也要依靠你的帮助才能安全度过。既然你已经答对了问题，那么我的奖励就是——救你出五行山！

秘密十六：师父想要送我礼物？

答对了唐僧的问题，孙悟空终于可以恢复自由之身了。可是唐僧身单力薄，面对着高耸入云的五行山，犯了难了。"悟空，虽然我已经答应了救你，可是面前这座大山实在是为难为师我了。"

"师父不用犯愁，这个我自然有办法。你只要爬到山顶，把山顶上如来佛贴的那张灵符揭下来，我自然可以脱身。劳烦师傅了。"说着，孙悟空已经跃跃欲试了。

按照孙悟空的指示，唐僧很辛苦地爬到了山顶，果然看到了一张金光闪闪的灵符。唐僧毫不犹豫地把灵符撕了下来，又很辛苦地下山，来到了孙悟空的面前。

"悟空，灵符已经撕下来了，接下来要怎么办？"

"师傅快走到远处去避一避，我这就要出来了！"孙悟空兴奋得不得了，"再远点儿，再远点儿。"

待唐僧走远、躲好之后，

只听一声巨响，顿时地裂山崩。

紧接着，还没等唐僧回过神来，孙悟空已经来到了唐僧的面前。孙悟空顾不上清理身上的野草和泥土，赶紧跪下，冲着唐僧拜了几拜，"多谢师父，我老孙终于自由了！"

正当二人高兴的时候，忽然出现了一只猛虎，把唐僧吓得呆住了。只见这只老虎十分威猛，这就要过来把师徒二人吃掉填饱肚子。紧急时分，只见孙悟空从耳朵里拿出金箍棒，对唐僧说道："师父不用害怕！它是来给我送衣服的，哈哈！"

说时迟那时快，孙悟空冲上去一棒子打死了猛虎。

这下子，唐僧才见识了孙悟空的厉害。

孙悟空将老虎的皮扒了下来，唐僧便拿出针线将虎皮缝成了一个小裙子给孙悟空穿。接着，唐僧又把自己的一件衣服送给了孙悟空，这样一来，孙悟空也就打扮得差不多了。见师父对自己这么好，孙悟空十分高兴。

整理妥当，两人便上路了。又过了一天，他们来到了荒郊野岭，竟突然出现了几个强盗。孙悟空又是拿出金箍棒，几棒就把他们都打死了。

不过这次唐僧非常生气，他觉得虽然是强盗，但是如此就杀掉了，也实在是太残忍了。

"悟空，你这样实在是太过分了！"唐僧对悟空怒目而视。

三堂会审

听完唐僧的责骂，孙悟空好不服气：难道还让强盗伤害了自己不成！于是，孙悟空一赌气走了。唐僧也正在生闷气呢，这时，观音菩萨忽然来了，了解了情况后，菩萨给了唐僧一个法宝，名字叫紧箍咒。并且告诉了唐僧怎么使用：只要孙悟空戴在了头上，然后这边一念紧箍咒，孙悟空就会受到惩罚，头痛不已，这样他就再也不敢不听话了。

再说孙悟空那边，他生气地走后，一个筋斗去了海底龙宫，找龙王去喝了几杯，这才冷静下来。转念一想，又觉得师父说得也对，于是又回来找唐僧。"师父，刚才确实是我不对，我去东海龙王那里喝了两杯，就回来看您了。"

"出家人怎么可以说谎，东海那么远，你怎么这么快就回来了？"唐僧不信他。

"师父不知，我会筋斗云，一个筋斗十万八千里。"

"既然你这么快，那我就考考你！"

题目是：大自然中什么动物的速度最快？

A．猴子；

B．猎豹；

C．军舰鸟；

D．旗鱼。

 孙悟空想了想，很自豪地说："我选 A！"

齐天大圣也不知道的小秘密

为师真的很失望,你错了!其他三个答案随便挑一个就可以算对,你偏偏选了一个错的,不罚你真是对不起观众啊!除了猴子,其他三种动物分别是陆、空、海三个领域中速度最快的动物。

猎豹是陆地上奔跑得最快的动物。它的身体呈流线型,四肢细长,脊柱像一根弹簧,这些特征让猎豹拥有了可怕的奔跑速度,跑起来的时速可超过110千米。如果猎豹和世界短跑冠军博尔特比赛100米,猎豹能让他先跑出30米,然后轻轻松松超过他。

军舰鸟是空中飞得最快的动物。它是一种海鸟,翅膀长而尖,翅展可达1.8米至2.3米。军舰鸟经常从高空俯冲下来捕食海面的猎物,或从其他鸟类的口中抢食。它捕食时的飞行速度最快可达每小时418千米,和直升机差不多。

旗鱼是水里游泳速度最快的动物。它的肌肉发达、力量很大。游泳时,它会放下背鳍,长剑般的嘴巴将水向两边拨开,以减小水的阻力;不断摆动的尾柄和尾鳍,仿佛轮船的推进器,使旗鱼能以每小时110千米至190千米的速度前游。

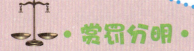

你虽然能耐不小,但是千万不可骄傲,因为知识是没有止境的。所以,你以后一定要谦虚谨慎。这一次答错了问题,为师我的惩罚就是——给你戴上紧箍咒!

秘密十七：你这该死的白龙！还我马来！

给孙悟空戴上紧箍咒后，唐僧又像模像样地念了一段。孙悟空顿时感到头痛欲裂，连忙求饶，以后再也不敢不听唐僧的话了。这样唐僧才放了心，师徒二人继续前进。

这一天，二人走着走着，唐僧问："悟空，前面好像有水声，不知道我们这是走到哪里了？"

孙悟空爬到高处仔细观察了一番说："师父，我记得这个地方叫作蛇盘山鹰愁涧，应该是涧里的水声。"

"有水？那我们去弄点儿水喝吧，我骑的这匹白马也渴了。"

说完，二人就来到了一个看起来很深的水潭边，水潭边还有一处悬崖峭壁，十分陡峭。谁料，正当白马喝水的时候，水潭里的水涌动了起来，一条白龙从水中飞身而起，带起了不少水花。

这可吓坏了

孙悟空，他自己虽然不怕，师父可不能出什么危险。于是他赶紧拉起师父，一溜烟地跑没影了。连行李和马匹，都没来得及拿。等孙悟空回去找行李和马匹的时候，只找到了行李。

"师父，不好了，那条妖龙把您的马吃了！真是太可恶了！"

"那条龙有多大，怎么一口就把马给吃了。悟空你看清楚了吗？"唐僧觉得有些不可思议。

"放心吧师父，我可是火眼金睛，千里之内，就算蜻蜓的翅膀我都看得一清二楚，就是那条妖龙给吃了。"

"这可如何是好！没有了马，这以后的路就不好走了。"唐僧这下子犯愁了。

"师父不用担心，我让他赔给咱们一匹马去！要是不陪，我就用金箍棒揍他一顿！"说完，孙悟空一个筋斗飞到了水潭的上面，冲着水下大声喊道："水里的妖龙，快赔我师父马来！"

水里的这条龙吃完了唐僧的白马，正在家里午睡，结果竟被孙悟空给吵醒了，难免非常生气。它从水中一下子冲了出来，二话不说就和孙悟空斗在了一起。一出手，才知道孙悟空的厉害，于是它又赶紧逃回水中，不敢出去再跟孙悟空打斗。

孙悟空也不追他，站在旁边的悬崖上，将手中的金箍棒变长变粗，伸入水潭中，用力地搅动，水潭里顿时翻江倒海，不得安宁。

三堂会审

水中的白龙被搅动得实在受不了了，于是又冲出水面，张口说话了：

"我是敖闰龙王玉龙三太子，当年我因为一时贪玩造成了火灾，犯了天条，本来是死罪。后来观音菩萨把我给救了，让我在这里等取经人，跟着取经人一起去西天取经，将功补过。今天，你为何在这里给我捣乱！"

孙悟空听完哈哈大笑：

"原来你也是观音菩萨找来帮忙的。你可知道你刚才吃的是谁的马？正是取经人，也就是我师父的马，你这是帮了倒忙啊！不管怎样，快还马来！要不然我就让你吃不了兜着走！"

白龙马听完很高兴，原来取经人已经来了，"那好，我就先考考你！"

题目是：马辨别事物靠的是什么？

A. 嗅觉；

B. 听觉；

C. 视觉；

D. 味觉。

 孙悟空想了想平时帮师父牵马的事儿，肯定地说："我选A！"

龙王三太子宣判

你选择的答案是正确的！仔细观察马的头部，马脸是不是很长？脸一长，从鼻梁到鼻孔的距离也会特别长，比人的鼻子长多了。一般这样脸和鼻子较长的动物，例如马、猪、狗、骆驼，它们的嗅觉都十分灵敏，因为这种长相往往有一个很长很大的鼻腔，容纳更多的嗅觉神经细胞，也能吸入更多的空气，这样才能从空气中嗅辨出各种各样的信息来。

所以，马辨别事物主要靠嗅觉。将一个物品摆在马的面前，或者将马牵到陌生的环境里，你就会见到它不断地扇动鼻翼，呼哧呼哧地快速吸气，这是马在力图吸入大量的空气，从空气中分辨出各种气味信息，从而认识事物或周围的环境。依靠嗅觉，马能识别出主人、同类性别、路途方向、水质好坏、食物种类、周围环境、附近敌害等各种信息，从而做出相应的反应。

成语"老马识途"，就是讲的人在迷路后依靠马带路，最终找到水源和回家方向的故事，其中，马的嗅觉立下了汗马功劳。

赏罚分明

早就听说你这齐天大圣打架厉害，想不到答题也不赖，既然你答对了，那么我就奖励你一匹——非比寻常的白龙马！

秘密十八：趁火打劫的贼和尚

龙王三太子从水中一跃而起，来到孙悟空面前摇身一变，化成了一匹矫健的白马。孙悟空赶紧把白马牵给唐僧看，并说明了白马的身份，唐僧非常高兴，对着南边拜了拜，表示对观音菩萨的感谢。

再次上路，又有了脚力更好的白龙马，师徒二人前进的速度加快了不少。又是几天光景过去了，正赶上夕阳西下，二人来到了一座寺庙的前面。他们打算借宿一宿，明早再赶路。

庙里的方丈听说是从东土大唐来的高僧，非常热情地招待了唐僧。吃完斋饭，还和唐僧一起喝茶聊天。越聊越开心，于是方丈拿出了自己的几件宝贝给唐僧欣赏，唐僧一看，不禁连声赞美。

方丈听人夸奖自己的宝贝，非常高兴："唐长老从大唐来，一定有比我这更厉害的宝物，请唐长老一定给我看看，让我长长见识。"

"不敢当，不敢当，我这里并没有什么特别的宝贝，不敢在方丈面前献丑。"唐僧谦虚地回绝了。

"师父师父，您不是有一件袈裟在包袱里嘛，我看那就是件宝贝，为何不给他看看，让他长长见识。"孙悟空赶紧插话。

"袈裟能算作宝贝？呵呵，我家方丈当了二百五十六年和尚，袈裟也有七八百件，没听说袈裟也可以当宝贝的。"方丈旁边的小和尚也跟着插话。

"哼，人比人得死，货比货得扔。我倒要让你们见识一下什么叫真正的宝贝！"说完孙悟空不顾唐僧的反对，拿出了离开大唐之前，皇帝赠给唐僧的袈裟。

当包袱一揭开，整个房间都充满了红光，五彩斑斓，非常好看。这一下，方丈和所有过来观看的和尚都被镇住了。他们张着嘴说不出话来，想不到这世间还有如此华贵的袈裟。

方丈见了这宝贝袈裟，两只眼睛就再也离不开它了，恨不能马上占为己有。但是碍于唐僧和孙悟空，只能可怜巴巴地求唐僧借给他欣赏一晚，明早就还给唐僧。

三堂会审

可是这么好的宝贝，到了自己手里，谁也不想还回去，于是方丈就想了一条毒计，想要放火烧死唐僧师徒二人。

等到半夜三更，他找来几个和尚，搬来了很多的干柴，将唐僧师徒睡觉的房间围住。唐僧睡得很实，可是孙悟空早已经察觉到了，他心想："这贼和尚，竟然为了一件袈裟就想害死两条人命，真是太可恶了。我现在出去阻止他，一棒打死又会惹师父生气，不如将计就计，让他自己把自己的寺庙烧掉，看他到时候哭吧。但是师傅的安全一定要保证！看来我要去借一件宝贝了。"

于是，孙悟空一个筋斗来到了天上，找到了广目天王，"天王，俺老孙来找你借辟火罩来了！"

"辟火罩是宝贝，怎么能轻易借给别人，这样吧，让我考一考你！"

题目是：风可以把火吹灭吗？

A. 可以；

B. 不可以；

C. 不一定。

 孙悟空想了想，"我选C！"

广目天王宣判

没错，正确答案就是C。

对于这个问题，我们先了解一下火是怎样产生的。空气中有一种叫氧气的气体，它无色、无味，性质活跃，经常和一些可燃的物体发生剧烈的化学反应，释放出大量热和刺眼的光亮，这就形成了火。

要想产生火，必须满足三个条件：有氧气、有可燃物、有高温达到可燃物的燃点。三个条件缺少了一个，火就会熄灭。

风，其实就是流动的空气。夏天，在闷热的房间里打开窗户让风吹进来，我们会感到呼吸顺畅、清新凉爽。这是因为风有两个本领，它带来了充足的氧气供我们呼吸，又能把房间的热量带走。如果风吹向火焰，它的这两种本领既是火的朋友，又是火的敌人。

当火势较小时，风会带走火焰周围的热量，使温度降低到燃点以下，让火很快熄灭。当火势较大时，火焰的热量也非常大，风无法将温度降低到燃点以下，反而会给火带来大量氧气，加剧燃烧，所以风越吹火越大。

赏罚分明

大圣你既然答对了问题，当年的事情我就不提了，而且，我还要把辟火罩借给你！

秘密十九：我的师弟是头猪？

拿到了辟火罩，孙悟空赶紧回去，用辟火罩保护好唐僧，然后用法术，让寺庙附近瞬间刮起了大风。果然，火借风势，本来打算只是烧掉一间房间的火，一下子把整个寺庙都烧掉了。这下老和尚傻眼了，都怪他太贪心，反倒害了自己，害了大家。

第二天一大早，唐僧醒了以后很奇怪地发现，本来应该睡在屋子里的自己竟然睡在了一片废墟中！听完孙悟空讲述的事情经过，唐僧又责怪了孙悟空不应该把宝贝随便拿出来显摆。孙悟空嘿嘿一笑，两人又接着上路了。

前方是一个小村子，孙悟空打听了一番，原来这里大部分人都姓高，所以这里叫高老庄。师徒二人正想找一处借宿一宿，可是见到的人都匆匆忙忙的。孙悟空只能强行拦住一位，细问一番才知道，原来这里竟然闹了妖怪。

闹妖怪的正是这里最大的一户人家，高太公，他竟然找了一个妖怪当女婿，如今连女儿都被绑架了。这些人行色匆匆，都是要去找会降妖捉怪的师傅呢。

孙悟空听完哈哈大笑，"这有何难，你不知道，我就会降妖捉怪，快带我去看看，也正好为我师父寻一个吃住的地方。"

那人一听也很高兴，赶紧在前面带路。

来到了高老庄，高太公听说来了会降妖捉怪的法师，赶紧出来迎接，"长老，有劳了！长老一定要救我。"

说着说着，高太公流下了眼泪，开始讲他怎么招了一个妖怪女婿的经过。"三年前,来了一个汉子,长的倒也还算端正,来到我们高老庄,说自己姓朱,上无父母下无兄弟,愿意在这里做个女婿。我看他可怜就收留了他,他也很能干活,一个人顶平常五六个人。但也很能吃,吃也要顶五六个人。时间一长,他的相貌竟然变成了猪样,十分吓人,我想赶他走,可他不但不走,还绑架了我的女儿高翠兰。"

"这猪妖实在可恶,看我老孙去给你把他赶走!他在哪里?快告诉我!"孙悟空听完非常气愤。

"就在我家后院,我的女儿也被关在了那里,请长老先把我的女儿救出来吧!"

齐天大圣也不知道的小秘密

读名著学常识

· 三堂会审 ·

孙悟空来到后院，一棒子砸开了上面的锁头，将里面高太公的女儿高翠兰救了出来。紧接着，孙悟空念动法诀，自己变成了高翠兰的模样，坐在屋里等着猪妖。

没多大一会儿，一阵狂风吹来，飞沙走石，吹得人眼睛都睁不开。狂风过后，只见半空中来了一个妖怪，长得非常丑陋，长嘴大耳，就是一个猪的模样。妖怪不知道是孙悟空变的高翠兰，走过来正要亲近。孙悟空见他笨头笨脑的样子，忍不住大笑了起来。这一下引起了妖怪的怀疑，"你是什么人！你不是翠兰！"

"哈哈！"孙悟空摇身一变，变回了原样，"你这个呆子，怎么长得这么丑？！"

"就凭你也敢笑话我？也不照照镜子。"说完两人就打了起来。

"不要打扰了我师父！"

"你师父？可是东土大唐来的取经人？！"

"正是！"

"停停停，我先考你个问题！"题目是：猪真的很笨吗？

A. 很笨；

B. 一般；

C. 很聪明；

D. 比人还聪明。

 孙悟空想了想，"我选C。"

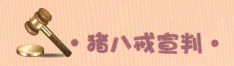

齐天大圣也不知道的小秘密

嗯,齐天大圣,你不认识我,但我可是认识你,这次你答对了,正确答案就是C。

猪是怎么死的?笨死的?错!猪是冤死的!

人人都说猪很笨,这还真是冤枉了它们,因为猪憨憨肥肥的外表,再加上被关在饲养场里,整天只能吃食睡觉,而且很脏,所以让人产生了这样的误解。

科学家对猪的生活习性经过长时间观察和研究后,证明了猪其实是一种很聪明的动物,甚至比狗更加机智。它们有复杂的思维、丰富的感情、较好的记忆力,也很爱干净。猪经过训练后,不但能像狗一样站立、转圈、游泳、推车……而且还能学会狗能掌握的所有技巧动作,而且猪学习起来比狗要快得多。

另外,猪也有不少本领。猪的嗅觉很灵敏,甚至比狗的嗅觉还强,能代替警犬担任搜查毒品、炸弹、汽油等各种危险物品的工作,还能找到深埋地下的地雷、金属、食物等。警犬在夏天怕热,搜寻十几分钟之后就会烦躁,工作效率大大下降,而"警猪"则吃苦耐劳,可以连续几个小时把鼻子贴在炙热的地面上搜寻,是人类的好助手。

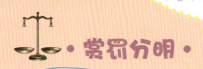

不错,算你还瞧得起我老猪,知道俺们猪都是很聪明的,那么我就和你一起拜唐僧为师吧!

秘密二十：流沙河？里面肯定有古怪！

原来，这猪妖本是天宫里面的天蓬元帅，总管银河水军，是天宫的海军总司令。只因为有一次蟠桃宴上，贪杯喝多了，东倒西歪闯入了广寒宫，见到里面的嫦娥仙子，动了凡心。结果被玉帝责罚，要开刀问斩，多亏了太白金星讲情，才改成了重打两千锤，打得也是皮开肉绽，惨不忍睹。

随后，他又被逐出了天宫，下凡投胎。谁知竟错投了猪胎，结果就变成如今这个模样。再后来，他得到观音菩萨的教诲，知道取经人要从此路过，自己只要拜了取经人为师，保护他去西天取真经，就能得成正果。

听完他的自述后，孙悟空领着猪妖来到唐僧面前，说明了来由，唐僧便也不再怪罪，慈祥地问道："你叫什么名字？"

"我叫猪悟能，是观音菩萨给我取的名字。师父在上，请受徒儿一拜。"说完，猪悟能便跪下给唐僧磕头。

唐僧见他忠厚老实，但是贪吃好色，于是又给他起了一个名字，叫猪八戒。猪八戒谢过师傅，又谢过了孙悟空这位大师兄。

高老庄的问题解决了，师徒三人一起上路了。

又翻过了几座山后，他们来到了一条大河的边上。

齐天大圣也不知道的小秘密

河水波涛汹涌，风浪极大，这下可难住了师徒三人。而且，河边根本找不到可以渡河的船只，孙悟空只好跑去向附近的人家打听，终于，细问之下，得到了不少关于这条河的信息。

原来，这条河叫流沙河，它十分古怪，不要说船只摆渡，就连鹅毛都浮不起来呢！想要过河的话，简直比登天还难！而且，这条河里还有吃人的妖怪，河底不知道沉了多少人骨，实在是恐怖之极！

孙悟空自然是不怕什么妖怪，于是他领着猪八戒来到河边叫阵，不大一会儿，河里果然出现了一个妖怪。只见他顶着一头像火焰似的蓬松红发，两只眼睛像灯泡一般，脸却是蓝色的，脖子上还挂着九个骷髅头，样子十分可怕。

孙悟空一看架势，知道自己不擅长水战，便让猪八戒打头阵，由他负责把这妖怪引到岸上，然后，自己再出手。可是，这个妖怪竟然十分狡猾，根本就不上猪八戒的当。这可把孙悟空给急坏了：不打败这个妖怪，怎么过流沙河啊！

83

读名著学常识

三堂会审

没办法，孙悟空只好去找观音菩萨帮忙，观音菩萨告诉他，这个河妖原本竟是天宫里的卷帘大将，因为失手打碎了玉帝心爱的玉盘，被罚下界，占据了流沙河，成了妖怪。

孙悟空心里很高兴，如此就好办了，以后也会多一个帮手。他赶紧回到河边，对那河妖喊道："从东土大唐来的取经人来了，要拜师的速速过来！"

"哪里哪里？师父在哪里？"只见那河妖急急忙忙从水里钻了出来。

"我是他的大徒弟，以后就是你的大师兄，见了我还不赶快行礼！"

"不见到师父，我才不相信你，你骗我好几次了！我现在倒要考考你！"

题目是：人掉在什么样的水域里不会被淹死？

A. 死海；

B. 太平洋；

C. 鄱阳湖；

D. 黄河。

孙悟空仔细想了想，这里面一定有猫腻，越是叫"死"越是能活。于是，他大声答道："我选A！"

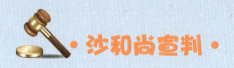

齐天大圣也不知道的小秘密

　　还算你聪明，答对了！死海位于中亚的约旦和巴勒斯坦两国交界处，是世界上海拔高度最低的湖泊，也是最深、最咸的咸水湖，最深处达380米。远古时期，死海曾是一片一望无际的内陆海，后来因为地处沙漠，天气炎热，常年干旱少雨，导致海水被蒸发的水量远远高于降雨和河流注入的水量，所以这片大海不断缩小，最后变成了一块面积仅有810平方千米的咸水湖。

　　死海里的水因为蒸发而大量减少，可是原先海里的盐分、矿物质却没有减少，而是沉积了下来，让死海之水变得越来越浓，盐度达到了每升300克，是一般海水的8.6倍，也就是说1公斤湖水里，有近三分之一是盐。

　　水里盐的浓度越高，浮力就会越大。死海有如此高的盐度，使得人跳进去很难沉入水里，想把整个身体浸入湖水都很费劲，更别说掉进去会淹死了。死海之所以用"死"来命名，是因为它的盐度太高，除了绿藻和细菌，几乎没有生物能在水里生存，整个湖像死一片寂静。其实，死海对人来说是"活海"。

　　既然你答对了，我就相信你，快领我去见师傅吧！我现在就送你们过流沙河！

秘密二一：咦？树上竟然长出了"小娃娃"！

孙悟空答对了问题，唐僧又收了新的徒弟，大家都很高兴。这位当年天宫里的卷帘大将，如今成了唐僧的第三个徒弟，唐僧见他举止模样很像个和尚的样子，便给他起了个名字叫作沙和尚。孙悟空探路，猪八戒牵马，沙和尚挑行李，按照观音菩萨的布置，师徒四人这下团圆了，又开始了取经的旅程。

风餐露宿，走着走着，来到了一座高大俊朗的大山前面，山上的景色非常秀美，很多野生动物在林间游弋。唐僧一路向西，经历了很多山山水水，大多都是巍峨险峻的，如此秀美的倒是头一次见。

如此好的地方，自然是住着神仙。原来这座山叫万寿山，里面有一座五庄观，住着一位身份尊贵的神仙，叫作镇元子。观里还有一样宝贝，是天地初开就形成的一株灵根，叫作"人

齐天大圣也不知道的小秘密

参果树"。三千年一开花，三千年一结果，再三千年才能成熟。一万年也就长三十几个，果子好像一个小娃娃端坐的样子，有四肢有五官。

唐僧是金蝉子转世，所以镇元子早就认识他，知道他快到了，于是命令自己的小童子，"我有事出去，不过一会儿唐僧来了，一定要招待他吃人参果。人参果很珍贵，给他两个就可以了。"说完便走了。

唐僧师傅四人果然正好经过五庄观，童子便很客气地把他们迎了进去。安排好徒弟三个，便打下两个人参果给唐僧吃。谁知唐僧见一个"小娃娃"拿来让他吃，吓得连忙躲闪，死活也不肯吃。两个童子只得自己在房间里吃掉，一边吃还一边感叹唐僧不识货，"如此珍宝，不知道多少人想吃也吃不到。"碰巧猪八戒路过，听到了这句话，偷偷一看，顿时馋的口水都留下来了。

八戒赶紧回去找大师兄，求了好半天，孙悟空才答应去帮他偷几个回来尝尝鲜。孙悟空偷偷地溜进人参果园，果园中间有一棵大树，枝繁叶茂，上面七七八八零散着接了许多的"小娃娃"。

"这些"小娃娃"一定就是人参果喽。师傅不吃，我摘三个就好。"

87

读名著学常识

三堂会审

孙悟空摘下了三个人参果，带回了房间，猪八戒赶紧凑了过来。"对对对！就是这个！馋死我了。"猪八戒迫不及待地赶紧拿过去一口吃了。孙悟空和沙和尚则是一口一口慢慢地吃掉。猪八戒吃得实在是太快了，什么味道也没尝出来。

"你这呆子，这人参果一万年才结三十个，能吃一个就不错了！再想吃也没有了！"孙悟空教训他。但是猪八戒还是很馋，一个劲儿地说："这人参果吃的不开心，我一定要再吃一个才好！"声音高了些，结果被五庄观的两位童子听见了。

两位童子顿时火冒三丈，跑去找唐僧告状。孙悟空一看不好！于是赶紧吩咐两个师弟，"咱们撤，别等主人回来了怪罪。"

于是不等休息好，便拉着唐僧飞也似的离开了。谁知这时候镇元子正好回来，听了童子说人参果被偷了，便一路追来，很快拦住了师徒四人。

"孙悟空，你偷了我的人参果，现在我要考考你！"

题目是：世界上真的有人参果吗？

A. 没有，只是神话里的；

B. 有，是一种水果；

C. 有，是一种药；

D. 有，是一种蔬菜；

 孙悟空想了想，"我选B。"

齐天大圣也不知道的小秘密

哈哈，恭喜大圣，你的答案是正确的，正确答案正是B。

世界上还真有人参果这种东西！但是它并不结在大树上，而是结在草本植物或矮小的灌木上。

人参果不为大多数人所熟悉，至今人们还没弄清它是原产于中国的武威地区还是南美洲。人参果的别名很多，香瓜梨、金参果、香艳芒果……它到底是梨、是参、是瓜、还是芒果呢？科学家说，它属于茄类植物，是一种长相奇特的茄子。

人参果的形状有的像心脏、有的像葫芦、有的像陀螺。成熟时，果皮呈金黄色，部分带有紫色条纹，散发着清香。

人参果的营养成分很高，含有丰富的高蛋白、维生素以及微量元素，尤其是硒、钙的含量远远高于其他水果和蔬菜。吃了人参果能强身健体、防治疾病、有益健康。

至于人参果闻一闻能活三百六，吃一个能活四万七，那都是《西游记》作者吴承恩先生通过丰富的想象力，给人参果赋予的神话色彩。真实的人参果远远没有那么神奇。

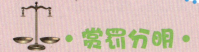

唐僧是我的老朋友，齐天大圣、天蓬元帅、卷帘大将也都是贵宾，这事儿我就不追究了。如今既然我回来了，几位不妨和我一起回五庄观，我再好好招待各位。大圣答对了题，我就奖励人参果一枚吧。

读名著学常识

秘密二十二：哼！休想逃过我的火眼金睛

镇元子的热情好客，让大家很感激，但是路途遥远，也只能待一天。第二天告别之后，就继续上路了。

这一天，又是走到了一座山下，师徒几人饥饿难耐，于是孙悟空出去化缘。只是孙悟空见到这山瘴气缭绕，阴风阵阵，好像是有妖怪在山上。于是他万分嘱托猪八戒和沙和尚一定要保护好师傅，然后才驾云找食物去了。

果然被孙悟空猜中了，这山里真的有一个妖怪，叫作白骨精，自己封自己为白骨夫人。她听人家说唐僧是金蝉子转世，只要能吃到一块唐僧肉，就能长生不老。但是唐僧身边有三位徒弟的保护，白骨精也不敢随便靠近，如今孙悟空出去化缘，只剩下猪八戒和沙和尚，白骨精便忍不住了。不过也不能直接下手，还要想一个办法。

"有主意了！"只见白骨精摇身一变，变成了一个花容月貌的美女，眉清目秀，唇红齿白，提着食物走向了唐僧。

本来这深山老林里不应该有人出现，可是饿得肚子咕咕叫的猪八戒看见食物，根本想不到别的了。

唐僧也很高兴，想不到这位女

齐天大圣也不知道的小秘密

施主这么善良，几人把食物分了分，正要开吃，孙悟空飞了回来。

孙悟空一对火眼金睛，老远就看出了送饭的是个妖精，一落地就二话不说当头一棒。白骨精知道孙悟空的厉害，连忙使用了"解尸法"，赶紧逃跑了，只留一具假尸首在地上。

"哎呀！悟空你怎么可以伤人！"唐僧大惊失色，很生气地开始念紧箍咒，孙悟空顿时头疼得满地打滚。

"师傅别念了……别念了……那人是妖怪！……停……"

"我看就是个普通人，你却说是妖怪，总之已经被你打死了，你怎么说都行了。"唐僧还是很生气，"先原谅你一次。"

这妖怪第一次没有成功，又想要来第二次。这次她变作一个老妇人，装成是刚才小妇人的母亲。孙悟空又是当头一棒，可还是让妖怪跑了，只留下了假尸首。如此又被唐僧一顿责怪，念起了紧箍咒。唐僧生气地想要赶他走，但是孙悟空知道，只要自己一走，师傅就危险啦。

三堂会审

唐僧肉对妖怪的吸引力太大了,于是她再一次来试探,这次她变成了刚才小妇人的父亲,老妇人的老伴。孙悟空又是早早地发现了这人是妖精变的,可是又怕唐僧责罚,紧箍咒的滋味可不是好受的。犹豫了半天,可如果师傅万一被抓走了,可就糟了,还是要动手。不过这次自己一定要小心,再也不能让这个妖怪跑了。

孙悟空找来附近的山神土地帮忙,围住了这个山谷,这次妖精跑不了了。大圣的金箍棒可不是吃素的,又是大棒砸下,妖怪这次可是真的死掉了。孙悟空长出了一口气。地上的一堆白骨,正是妖怪的本来面目。

可是唐僧还是不相信这几个是妖怪,猪八戒还说是孙悟空使用了障眼法,使这老头变成了白骨。这下孙悟空百口莫辩了。

唐僧想了想,"既然我们的意见不统一,那么我现在就要考考你!看你是不是真的能分辨妖怪!"

题目是:下面哪种动物不善于伪装?

A. 负鼠;

B. 枯叶蝶;

C. 竹节虫;

D. 斑马。

 孙悟空想了想,"我选D。"

 唐三藏宣判

齐天大圣也不知道的小秘密

徒儿，看来你的智慧还是值得相信的，正确答案正是D。伪装，指的是动物为了隐藏自己，或欺骗其他动物而采用的一种手段。

枯叶蝶停在地面或植物上时，会竖起翅膀一动不动，翅膀的图案看上去极像枯叶上的经脉和霉斑，让捕食者误以为它只是一片毫无价值的枯叶。竹节虫也是伪装高手，它的身体和四肢又细又长，呈绿色或褐色。白天，竹节虫静静地待在树上，看起来非常像几根小树枝，几乎和真正的树枝融为一体。如果不爬行，捕食者很难发现它。负鼠的伪装更狡猾，如果被天敌捉住，它干脆往地上一躺，脸色变白，闭眼吐舌头，全身僵硬，还排出恶臭的分泌物，甚至能暂停呼吸和心跳，很像死了一样。因为大多数动物吃了尸体会拉肚子，所以捕食者只好放弃。等天敌走远，装死的负鼠又会爬起来逃之夭夭。

斑马虽然全身长满黑白条纹，但并不能伪装自己。不过在光线的照射下，这种条纹可以使斑马的体型轮廓变得模糊，跑动起来的身影更加晃眼，从而起到保护作用。

 赏罚分明

悟空不但能耐很大，头脑也很聪慧，如此这样，我便相信你的判断，那三人确是妖精所变，我错怪你了。

秘密二十三：小葫芦大容量

回答对了问题，赢得了唐僧的信任，孙悟空非常高兴，几人吃了孙悟空找回来的桃子，又继续上路了。

猪八戒见孙悟空几次立功，心里很是痒痒。这次来到一处地界，他便主动要求自己去巡山，看看山上有没有什么妖魔鬼怪，自己好打死几个妖怪立下一些功劳，这样师傅也会夸奖一下自己啦。

猪八戒不知道的是，这附近真的有妖怪，而且还不是一个，平顶山莲花洞里住着两个妖怪，一个叫作金角大王，一个叫作银角大王，都很厉害。

走着走着，倒霉的猪八戒还真碰上了妖怪，两个大妖怪还带着许许多多的小妖怪。这下子可坏了，打又打不过，跑又跑不掉，猪八戒被逮了个

齐天大圣也不知道的小秘密

正着,一堆小妖怪把猪八戒给绑了起来。

"哈哈,这是猪八戒,虽然不敌唐僧肉吃了能长生不老,盐腌了,晒干了,留着下酒也不错。"妖精们很高兴。

猪八戒心想:还是个爱吃腊肉的妖怪,想不到我就要这么死了,大师兄快来救我啊,以后再也不逞强了。

放下猪八戒不说,金角和银角知道孙悟空的厉害,如果不打败孙悟空,唐僧肉是吃不到的。于是他俩想出了一个阴谋诡计。

银角来到道路旁边,变成了一个年纪很大的老人,假装腿摔断了,非常可怜。果然,唐僧路过的时候赶紧让徒弟们去帮他。孙悟空一眼就看出来他是妖精,不过既然师傅有令,自己就将计就计,看这个妖怪能耍什么花招。孙悟空背上老者,快速走了起来,为的是把妖怪带走,不让他伤害师傅。 走着走着,孙悟空就感觉背上越来越沉,最后实在是坚持不住,一下子被压趴下了。原来妖怪使用了妖法,将泰山压在了孙悟空身上。

见孙悟空动弹不得,银角去把唐僧和沙和尚都给抓走了,回到妖洞中,金角也是十分高兴,夸赞他聪明。两人接着开始算计起了应该怎么吃唐僧。想来想去,还是不放心孙悟空,于是又拿出了他俩的宝贝——"紫金红葫芦"。接着又差遣洞里最聪明的两个小妖怪,精细鬼和伶俐虫去,只要拿着葫芦喊一声"孙行者",孙悟空要是答应,就会被吸进葫芦里。

95

三堂会审

孙悟空正犯愁呢,这座大山比当年如来佛压自己的还沉,可怎么办呢?叫山神都出来帮忙吧!对!孙悟空齐天大圣的名号可不是盖的,山神们听说后,非常乐意地搬走了大山,还告诉了孙悟空这里妖怪的宝贝非常厉害。孙悟空眼珠一转,有了主意。他变成了一个年老道士的样子,来找精细鬼和伶俐虫了,"你俩可是要去抓那孙行者?"

"正是正是!"二人没有怀疑。

"听说他很厉害,你们怎么抓他啊?"

"那您就有所不知了,我手中这个宝贝,只要叫他一声,他一答应,就会被吸进去,装一千个也没问题。"伶俐虫很骄傲。

"哈哈,装一千人算什么,你们看我的葫芦,能把天都装下,要不要跟我换啊?"说完孙悟空变出了一个更大的葫芦,又找哪吒将天空遮住,顿时日月无光,天一下子黑了。

妖怪一看,说话都结巴了:"好像……你的确实比较厉害,不过我要先考考你!"

题目是:天为什么会黑?

A. 太阳公公睡觉了;

B. 地球自转到了另一面;

C. 葫芦把天装进去了;

D. 云彩挡住了太阳。

 孙悟空仔细一想,"我选B。"

精细鬼、伶俐虫宣判

齐天大圣也不知道的小秘密

不错不错，正确答案就是B。

首先我们要明白黑暗是怎么产生的。

人的眼睛是通过光线来看见物体的：光线照射到物体上，会被物体反射、散射到眼睛里，眼睛就能感应光线信号，看到物体。如果没有光线进入眼睛，眼睛就接收不到任何信号，什么都看不见，一片漆黑，产生黑暗的感觉。所以，没有光就会产生黑暗。

白天，我们能清晰地看到这个世界，主要是因为有太阳光的照射。然而，我们脚下的大地是一个球体，即地球。地球绕着太阳运动，同时也会自己不停地打转，站在地球上的人也跟随着地球在转动。

当我们随着地球转到面对太阳的一面时，太阳光就能照射到大地上，让我们看见东西，这就是白天；当我们转到背对太阳的一面时，太阳光被遮挡了，眼睛没有了光线，所以才感到天黑了下来，必须依靠灯光才能看到东西。

不过在地球的南极和北极，因为许多原因，不管地球如何旋转，阳光总会照到地面，或者照不到地面，出现极昼或极夜的现象。

赏罚分明

你能答对这么难的问题，看来你的能耐一定也很大，你的法宝也肯定很厉害，那么我就同意跟你换吧，现在，我就把"紫金红葫芦"给你！

秘密二十四：这个小孩儿是吃什么长大的？

骗来了宝贝，孙悟空再也不怕什么金角银角了，直接打进莲花洞，把金角银角都打跑了，把师傅和师弟也都救了出来，又立了一大功。

休整了一下，还得接着朝西方前进。这次，他们路过一个树林时，忽然听见树林里传来了小孩子的哭喊声，唐僧赶紧让徒弟们去看一看。只见一个穿着红肚兜的小孩子被绑了起来，吊在树上，非常可怜。见到唐僧师徒四人，小孩儿赶紧说："我是这附近村庄的孩子，我们的村庄被强盗袭击了，还把我绑架到了这里，请你们一定要救救我啊！"说完小孩儿又哇哇大哭起来，唐僧忍不住亲自上去为小孩儿解开绳索。谁知道，唐僧刚刚给他解开绳索，小孩儿忽然变了个脸色，一下子抓住了唐僧，然后念动法决，飞得无影无踪了。

这一下,三个徒弟可吓呆了。竟然就在眼前上了这样的当,孙悟空也大意了,并没有仔细地观察这个小孩儿,因为大家都没有想到如此可爱的一个孩子竟会是妖怪。

师傅被抓走了,三个人赶紧四处寻找,终于打听到这里的妖怪叫作红孩儿,住在火云洞里。孙悟空得知这个消息忽然笑了起来,"哈哈,这下不用担心了,这个妖怪是我的小侄儿。"原来当年孙悟空在花果山的时候,结识了牛魔王,还结拜了兄弟,这红孩儿正是牛魔王的儿子。

于是孙悟空来到了火云洞,喊出了红孩儿,"小侄儿,快来认识叔叔,顺便把我师傅给放出来。"

"谁是你的侄儿,唐僧我是吃定了!你就不要想了。"红孩儿并不认识孙悟空。

这可怎么办?没办法,孙悟空只能和红孩儿打了起来,红孩儿使一杆火尖枪,武功倒是不弱,不过依然不是孙悟空的对手。正要失败的时候,红孩儿忽然从嘴里喷出了一股大火,孙悟空躲避不及,屁股顿时中招了。这火还不是一般的火,是传说中的三昧真火,孙悟空受不了,只能赶紧退下了。摸了摸烧秃了毛的屁股,孙悟空心想,看来自己只能去找观音菩萨想想办法了。

读名著学常识

孙悟空一个筋斗来到了南海，跟观音说明了情况，观音很痛快地答应帮忙。于是孙悟空领着观音菩萨来到了火云洞附近，孙悟空假装迎战，把红孩儿引了出来，然后便逃走藏了起来。菩萨将自己脚下的莲台拿了出来，放在了树林里。红孩儿追孙悟空追不上，也看不到他的身影了，就打算回火云洞。

走着走着，忽然看见了五颜六色的莲台，他觉得很好奇，于是便坐了上去，谁知这正是菩萨布置的陷阱。莲台上顿时生出许许多多的刀刃来，将红孩儿困在了上面。如果红孩儿动一动，刀刃就会割到他的肉。

这时候观音走了出来，"你这妖怪，竟敢抓走唐僧，还要吃人，罪大恶极，如今我就要替天行道。"说完就要铲妖除魔。

"手下留情，好歹也是我的侄儿，观音就放过他一马吧！"孙悟空求情道。

"放过他也可以，但是我要考考你！"

题目是：火都是红色的吗？

A. 火都是红色的；

B. 火是绿色的；

C. 火是无色的；

D. 火有各种颜色。

 孙悟空赶紧答道："D，是D！"

· 观音菩萨宣判 ·

齐天大圣也不知道的小秘密

你这猴子，最近还有了些许长进，你答对了，正确答案就是 D。回答这个问题前，请你在黑暗中点燃一根蜡烛，仔细观察就会发现，蜡烛火焰分为三层，最里层的焰心为暗红色，中间的内焰为橙黄色，最外层的外焰为青蓝色。

蜡烛的焰心因为在最里层，接触的氧气少，燃烧不够剧烈，温度不高；内焰的温度则稍高于焰心；外焰接触的氧气最充分，温度最高。所以，你大致可以发现一个规律——火焰的颜色和温度的高低有关。事实也确实如此。人们研究发现，光的颜色有红、橙、黄、绿、青、蓝、紫，从左到右能量依次增加。红橙色的火焰温度为三千摄氏度，黄绿色可达四千摄氏度，青蓝色达五六千摄氏度，紫色高达七千摄氏度。如果火焰温度能高达几万摄氏度，发出的光则是人眼看不见的紫外线。

另外，燃烧物内的构成元素也会影响火焰颜色。铜元素的火焰稍显绿色，钠是黄色，钾出现紫色，多种元素的化合物则是杂色……因此可以得出结论，火焰并不全是红色，而是五颜六色。

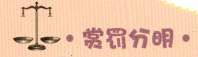

难得你孙悟空替别人求情，那我就放了这个孩子，不过他有如此大的能耐，如果不严加管教，也不是个办法。总之，我来帮忙管教，把他收为童子好了。

秘密二十五：哈哈，砍头容易接头难！

观音降服了红孩儿，还把他收为童子，孙悟空很高兴，也很为牛魔王大哥高兴。不过还是解救师傅要紧，于是赶紧去火云洞把师傅救了出来。

路途还有很远，不多做停留，几人又上路了。

又走了一段时间，这次终于见到了城市。走到城门口，只见上面写着几个大字：车迟国。

忽然间，许多和尚正从城里面走出来，一个个穿得破破烂烂，面黄肌瘦，好像是逃难一般。唐僧赶紧上前询问，"几位为什么这样的凄惨啊？这里不欢迎和尚吗？"

"长老有所不知，这里的国王以前很喜欢和尚，谁知道后来来了三个道士，不知道怎么蒙蔽了国王，三人成了国师，他们确实很讨厌和尚，于是就经常欺负我们，害得我们如今只能逃走了。"

原来是这样，唐僧很生气，三个徒弟也很生气，于是他们决定去找国王理论一下。

见到了国王，三位国师也在，唐僧上前质问："为什么道士要如此欺负我们和尚，我们又没什么错！"

三位国师分别是虎力大仙、鹿力大仙、羊力大仙，只听虎力大仙说："你们能耐太小，斗不过我们，自然就要受欺负。"

孙悟空一听急了:"如此说来,如果我们的能耐更大,就可以随便欺负你们啦?"

"哈哈,比我们大?来比一比吧!"

"比就比!"孙悟空从来没怕过谁。

比赛正式开始,国王当裁判,第一项比赛是——呼风唤雨。

只见虎力大仙登上法台,念动咒语,可是念了半天,天上也没什么反应。轮到孙悟空了,他先是假装念动法决,然后用毫毛变出分身,去找雷公电母和管下雨的龙王,跟他们一说,他们都答应可以下雨。紧接着,果然倾盆大雨瞬间就下来了。第一局,取经代表队获胜!

第二项比赛——参禅打坐。这次由唐僧出战,这是他的长项。果然,唐僧轻松获胜。只是他不知道,孙悟空暗中帮助了他,因为虎力大仙想作弊,变成小虫子咬唐僧,被孙悟空反其道而行之,用小虫子咬了作弊者。第二项比赛,取经代表队再次获胜!

第三项比赛——砍头。这是虎力大仙的主意,因为他想扳回分数,如果孙悟空不敢应战,那么前面的结果也要作废,也就是车迟国这边赢了。谁知道,孙悟空很轻松地答应了,还说自己先来。

这时,一个拿着砍刀的士兵走了过来,孙悟空嬉皮笑脸地坐在地上,士兵的砍刀用力一挥,孙悟空的脑袋一下子掉了下来。顿时,大家的眼珠子都快掉下来了,孙悟空不会死了吧?

怎么可能?只见孙悟空的身子站了起来,蹦蹦跳跳的,脑袋上的五官也挤眉弄眼,满不在乎,没多大一会儿,脑袋自动飞回了身体,瞬间接上了,完好无损。国王很激动,"真是太厉害了!"

该轮到虎力大仙了,一个士兵砍掉了他的脑袋,虎力大仙正要把脑袋捡起来,不知道从哪里跑出了一只狗,一下子把脑袋给叼走了。虎力大仙找不到脑袋,只得身子一歪死掉了。尸体转眼变成了一具老虎的尸体。"国王陛下,三位国师都是妖怪!"孙悟空大喊道。

"虽然你这么说,可是……让我先考考你吧!"

题目是:下面哪种动物没有再生能力?

A. 章鱼;

B. 海星;

C. 海绵;

D. 毛毛虫。

唐僧抢先答道:"阿弥陀佛,选D。"

车迟国国王宣判

齐天大圣也不知道的小秘密

不愧为东土大唐来的高僧，你答对了，正确答案正是 D。

生物因为受伤，丢失了部分肢体或器官，过了一段时间，伤口上又重新长出了新的肢体或器官，而且在形态和功能上与丢失的部分一模一样，这就是再生。

章鱼有再生能力。如果章鱼的触腕被敌人抓住了，它就会丢卒保车，猛地后退，自动断掉触腕，让"断臂"迷惑敌害，趁机迅速逃跑。触腕断了以后，章鱼伤口处的血管能自动收缩，不再流血。过了一两天，一条新的触腕就长出来了。

海星的再生能力更强大。科学家发现，海星受伤后会激活一种后备细胞，能重新组合、生长出损失的身体部分。把海星撕成几块扔进海里不管，经过一段时间，每一个碎块都会变成新的海星。缺胳膊少腿，对海星来说根本不会放在眼里。

海绵和海星的再生能力差不多，因为它们都是比较低等的软体动物。动物的等级越低，结构越简单，再生能力也就越强。而毛毛虫属于比较高级的节肢动物，各个器官功能不一，没有再生能力。

赏罚分明

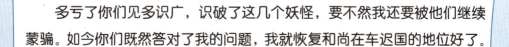

多亏了你们见多识广，识破了这几个妖怪，要不然我还要被他们继续蒙骗。如今你们既然答对了我的问题，我就恢复和尚在车迟国的地位好了。

秘密二十六：这里怎么一个男人都没有？

得到了国王的允许，羊力大仙和鹿力大仙也被孙悟空给消灭了，从此车迟国不但不再欺负和尚，反而对和尚们更好了。

走出了车迟国，几人继续向西行走。走着走着，路过了一处泉水，看到泉水清澈见底，猪八戒赶忙跑过去喝了起来，然后还很殷勤地给师傅也舀了一瓢来喝。谁知道喝完水没多久，两人忽然肚子疼了起来。"难道是喝了凉水导致的肚子痛？"沙和尚问道。

"不是不是，肯定不是，感觉肚子里有什么东西在动似的。哎呀呀，疼死了。"猪八戒和唐僧都很难受的样子。

孙悟空赶忙找来了附近的医生，原来他们喝水的泉叫子母河，只要喝了泉水，就会生下胎儿。而这里正是传说中的女儿国，城里没有一个男人，里面的女人正是靠这个子母河才得以传宗接代的。

这可如何是好？孙悟空非常着急。"只要再找到落胎泉的水，就可以解救他们了。"医生告诉了孙悟空办法。孙悟空赶忙去找落胎泉。

来到了落胎泉的附近,原来这里也有一个妖怪把守。这妖怪却也认识孙悟空,还和他有仇。他正是红孩儿的另一个叔叔,此刻正怪罪孙悟空害了他的侄儿呢。

"被观音收作善财童子是一件好事,这位仁兄怎么能说我害了侄儿,明明是帮他改邪归正了嘛。"孙悟空赶紧解释。

这妖怪一听,才知道原来孙悟空确实是为了红孩儿好,这才给了孙悟空泉水。

孙悟空拿回了泉水,给唐僧和猪八戒喝了,他俩才算是不再疼痛,胎气也都消失了。哎,还真是虚惊一场。

放眼望去,前面正是刚才医生所说的女儿国,想顺利通过,还得去见一下国王,经过她的允许才好。恢复了精力的唐僧又赶紧出发了。

来到了女儿国,果然如之前所说,里面一个男人都没有,全都是女人。这真是前所未见,闻所未闻。师徒几人非常好奇地四处瞧着,却也引起了女儿国的女人们的好奇,因为这里很少能看见男人。更何况是这奇怪的四人组,除了唐僧正常些,一个猴脸,一个猪头,一个红发蓝脸,都是稀有品种啊。

读名著学常识

三堂会审

师徒四人看女儿国新鲜，女儿国的人看师徒四人更新鲜。很快，东土大唐的高僧来到女儿国的消息就传到了女儿国国王的耳朵里，她紧急召见了师徒四人。当唐僧大步流星地走上女儿国的皇宫大殿的时候，女儿国的国王一下子看呆了。这世上还有如此的美男子，如果我能嫁给他该有多好啊。

女儿国的国王可是一国之主，只要她一句话，唐僧就真的不能去西天取经了。只见她围着唐僧转了几圈，害得唐僧脸红不已。孙悟空一看不好，师傅要是被留在了这里，自己和两个师弟可怎么办？于是他赶紧插话，"国王陛下，我们是要去西天取经的队伍，如今路过这里，还请女王陛下给我们签下通关文书，方便我们通过。"

"想通过，我先考考你！"

题目是：像女儿国那样，没有男人、只有女人，真的能生小孩吗？

A. 大多数能；

B. 不能；

C. 少数人能；

D. 多数人能。

 孙悟空略一思考，大声答道："答案是B！"

108

女儿国国王宣判

不错,不愧是唐长老的徒弟。

你答对了,正确答案就是B。

小孩都是从女人肚子里出生的,看似和男人没关系。其实,正常情况下,如果没有男人,女人也不能生小孩。

一个孩子的诞生,需要男人提供一个叫"精子"的细胞,女人提供一个叫"卵子"的细胞,两个细胞结合成受精卵,才能发育成胎儿。

不但人类如此,大部分动物也是有雌有雄才能繁殖……一些低等生物,例如水螅、酵母菌等,能够从母体直接生出下一代,不过它们也没有"男"和"女"的性别之分。

到了现代社会,科学家发明了一种叫作"克隆"的技术:从动物的普通细胞里提取遗传物质,植入卵子中,经过激活和培育,让卵子直接长成下一代个体,这样就可以不需要精子了。通过这种技术,人们培育了许多不需要爸爸就能出生的克隆羊、克隆牛、克隆狗……

但是,克隆技术如果用于人类,会带来巨大的麻烦和灾难,所以被禁止用于人。

赏罚分明

唐长老不但英俊潇洒,还聪慧过人,连徒弟都这么聪明,哎,如今要走真是太可惜了。不过既然答对了问题,我还是言而有信,把通关文书给你们了。

秘密二十七：胆大包天，竟敢假冒我？

女儿国的国王很讲信用，师徒四人顺利通过了关卡，走出了女儿国。

这下，又到了荒郊野岭，天色也有些晚了，于是几人找了一户人家借住。谁知又碰上了强盗，想要杀人谋财。孙悟空又忘记师傅教训他不要杀生的事情了，冲动中打死了几个强盗，又惹得师傅大为恼火。这次师傅很坚决，说什么也要赶走他。孙悟空没有办法，只好回花果山去了。

唐僧还在原地生着闷气，猪八戒出去化缘了，谁知道孙悟空没多大一会儿又飞了回来。本来对师傅很尊敬的他不知道怎么变得非常不礼貌，不但很不客气地说唐僧的坏话，还抢走了唐僧的行李。等猪八戒回来的时候，唐僧正倒在地上暗自神伤。猪八戒一看也是火冒三丈，忘了自己根本打不过孙悟空，就要去花果山找孙悟空理论。

来到了花果山，只见孙悟空正在和猴子猴孙们摆酒宴玩乐着，见猪八戒来了，还招呼他一起喝酒。猪八戒可不是来喝酒的，也没有喝酒的心情，他质问孙悟空："你为啥打伤了师傅，还偷走了行李！"

孙悟空很冤枉，"我从被师傅赶走，就一直在花果山，何时打了师傅抢了行李？"旁边的猴子猴孙们也都作证。

猪八戒很迷糊，便说："如果不是你，也是你的分身，快跟我把这事儿调查清楚，否则

齐天大圣也不知道的小秘密

师傅就取不了经了。"

孙悟空只得跟着猪八戒一起回来了，看到师傅，师傅还以为孙悟空又来抢劫，连忙躲起来。孙悟空刚要说什么，却正好看到另一个自己从远处飞来，和自己一模一样，真是怪了！

这下唐僧和猪八戒也彻底迷糊了，到底哪个是真的，哪个是假的，谁也分不出来。两个孙悟空都说自己是真的，说着说着，还打了起来。两个孙悟空的武功也是不相上下、旗鼓相当。边打边走，打到了天宫里面，连天兵天将们也认不出来，托塔李天王的照妖镜也看不出谁真谁假。

接着，两人又打到了观音菩萨住的南海，菩萨仔细观瞧，也实在是分不出真假。这下难办了！菩萨想了想，如今只能去找如来佛祖帮忙了。

三堂会审

来到了西天极乐世界，如来佛已经等候多时了，他早就算到了两个孙悟空会来找他。只见他还是像之前一样法相庄严，身材宏大伟岸。两个孙悟空一边打一边来到了他的面前，四大菩萨、八大金刚、五百罗汉都在如来身边站立等候。

如来佛看着两个孙悟空，微微地露出了笑容，然后说道："这世间万物，有五种神仙，五大类生物，还有四种猴子，是不属于前面十种里面的。他们分别是灵明石猴、赤尻马猴、通臂猿猴、六耳猕猴，这四种猴子都有十分大的能耐。真的孙悟空是灵明石猴，而假的孙悟空是六耳猕猴。不过具体哪一个是真的，哪一个是假的，还要我出个问题来考考他俩才知道。"

题目是：双胞胎长得一模一样吗？

A. 一模一样；

B. 不太一样；

C. 没有关系；

D. 大体上一样。

 其中一个孙悟空选了D，另一个选了A。

齐天大圣也不知道的小秘密

如来佛宣判

哈哈，这下假孙悟空就暴露出来了，答对了题的才是真孙悟空，正确答案是 D！

这个问题还得从人的出生说起。

想要创造可爱的小孩，需要爸爸和妈妈的共同努力，爸爸提供一个叫"精子"的细胞，妈妈提供一个叫"卵子"的细胞。精子有一条小尾巴，可以四处活动，它钻进卵子里面，两个细胞就结合到一起，变成了一个叫"受精卵"的细胞。受精卵在妈妈肚子里不断生长发育，渐渐变成胎儿，最终呱呱坠地，小生命从此诞生了。

但有时候妈妈会生出双胞胎，这要分两种情况。

第一种情况，一个精子钻进一个卵子后，受精卵发生了分裂，变成了两个受精卵，经过成长，就生下了双胞胎。因为都是从一个精子和一个卵子演变来的，遗传物质相同，所以双胞胎会长得几乎一模一样。

第二种情况，爸爸有两个精子，分别钻进了妈妈的两个卵子中，形成两个受精卵，最后生下双胞胎。因为两个孩子来自不同的精子和卵子，所以遗传物质不一样，双胞胎也会长得有所区别。

因此，双胞胎不一定长得一模一样。

赏罚分明

假孙悟空答错了问题，而且还犯下了假冒孙悟空，打伤唐僧的罪过。而真孙悟空，虽然答对了问题，但是之前唐僧已经说要开除你，所以我就替唐僧原谅你吧！

秘密二十八：冤家路窄！

假悟空被如来识破，真悟空也成功归队，取经的队伍又按部就班地开始了旅程。

这个时候，正是秋天，天气本来应该越来越凉，谁知道却越走越热，仿佛是把人放进了蒸笼似的。师徒四人越想越好奇，很想知道原因究竟何在。于是找到了一户附近的人家打听，这家的老者告诉师徒四人："我们这里有一座山，叫作火焰山，所以无论是春夏秋冬，都非常热。"

唐僧赶紧问："它是否阻挡我们去西方的道路呢？"

老者回答："正在去西方的必经之路上，你们就不要想了，根本过不去，那里八百里火焰，周围都是寸草不生，就是铜脑袋铁身子也要烧化了。"

唐僧听了非常吃惊，接着又开始担心过不去可怎么办。忽然孙悟空好像想到了什么，继续问老者：

齐天大圣也不知道的小秘密

"您这里既然总是这么热,又不下雨,那怎么种庄稼,你们又吃什么呢?"

"这里有个铁扇仙,叫作罗刹女,又叫铁扇公主,是大力牛魔王的妻子,她手里有一把宝贝芭蕉扇,扇一下火就灭了,第二下起大风,第三下就下起雨来,如此这般,我们就可以种庄稼了。"

孙悟空想,这下坏了,这不就是红孩儿的老妈嘛,自己跟她的宝贝儿子刚打了一架,如今又要来求人家,看来不好办了。不过不好办也得办,总不能永远被困在这里。于是孙悟空硬着头皮去找铁扇公主借芭蕉扇。

来到芭蕉洞,孙悟空很客气地叫出了铁扇公主,果然铁扇公主很生气地指责孙悟空欺负她的儿子,根本不打算借给孙悟空扇子,还要问他罪。话不投机半句多,两人很快就打了起来。铁扇公主使用双剑,毫不留情地向孙悟空攻了过去。然而铁扇公主的功夫自然是不如孙悟空,两根细细的宝剑也敌不过孙悟空的铁棒,几个回合下来,铁扇公主就抵挡不住了。然而铁扇公主并没有任何的惧色,只见她取出宝贝芭蕉扇,晃了一晃,只扇了一下,就把孙悟空扇得无影无踪。

孙悟空被一阵大风吹走,身体根本不能自由动弹,这风力实在是太强了。就这样在空中翻滚了一个晚上,才终于停了下来。

三堂会审

孙悟空头晕脑涨，不知道自己被扇到了哪里。等他稍微精神了一点，四处观瞧了一下，忽然又高兴了起来，真是天助我也。原来这里正是灵吉菩萨住的地方。这个灵吉菩萨住在小须弥山，法力广大，手使飞龙宝杖，并有如来赐的定风珠。没错，就是这个定风珠，想要打败铁扇公主，就要靠这个宝贝了。于是他赶紧起来去找灵吉菩萨，见到了菩萨的面，如实告诉了菩萨自己借定风珠的用途，只有有了定风珠，才能拿到芭蕉扇，才能顺利通过火焰山，才能去西天求取真经。

灵吉菩萨知道他们经历了很多的辛苦才走到今天，当然不可能随便放弃，他说："这样吧，我出一个问题考考你，才好决定是否帮你。"

题目是：真的有火焰山吗？

A. 只有神话里有；

B. 就是指火山；

C. 有，是一座特殊的山；

D. 指外星球的特殊地貌。

 孙悟空仔细地想了想，认真地答道："我觉得应该是 C。"

 **灵吉菩萨宣判**

齐天大圣也不知道的小秘密

不错,大圣你答对了,正确答案就是C。

真有火焰山吗?有!火焰山在哪里?中国新疆!

火焰山位于新疆吐鲁番盆地的北面,山长100多千米,最宽处达10千米,平均海拔500米左右。《西游记》作者吴承恩先生就是以这座山为原型,创作了孙悟空借芭蕉扇的故事。

火焰山上并没有火,但那里处于干旱的荒漠,降水量少,气候炎热,山上寸草不生,裸露的山脊看上去极像一条条火舌,再加上山体大部分为红色花岗岩构成,在阳光的照射下反射出刺眼的红光,远远望去就像一片火海,因此而得名。

虽然没有火,但是火焰山却很烫!它是中国最热的地方,夏季最高气温高达47.8摄氏度,阳光直射的地方最高温度可达80摄氏度,可把鸡蛋烤熟。

历史上,火焰山还真的燃烧过。唐代诗人岑参和北宋使臣王延德路过此地时,都记载了山上有火燃烧,并有浓烟升起的现象。科学家考察后推断,这是因为高温导致了山中煤层的自燃,和孙悟空推翻炼丹炉没有任何关系哦!

 赏罚分明

你们师徒四人为了取经,都是非常辛苦,我如果可以帮上什么忙,也是非常乐意的。如今你既然答对了我的问题,那我就把定风珠借给你吧。

秘密二十九：她的肚子好痛呀！

大圣得到了定风珠，心里有了底。他架起筋斗云，用最快的速度回到了芭蕉洞的门口，再次找铁扇公主借扇子。铁扇公主看见他，非常吃惊，因为她知道自己扇子的厉害，一下子可以把人扇飞八万四千里，如今孙悟空这么快就回来了，说明他能耐很大。

但是不管怎样，铁扇公主是铁了心不借给孙悟空扇子了，一下不行就扇两下，两下不行三下，一定要把他扇飞。

铁扇公主知道打不过孙悟空，上来便马上拿出芭蕉扇，用力一扇，本以为又能把孙悟空扇个无影无踪，谁知道孙悟空却纹丝未动。这真是怪了，她赶紧又连扇了四五下，可都没有任何效果。这下她害怕了，打又打不过，本来还有宝贝可以依靠，如今只能逃跑了。想到这里，她赶紧逃进了自己的芭蕉洞，关上了大门，躲着孙悟空。

孙悟空见她要关门，赶紧念动法诀，变成了一只小虫子，顺着门缝飞进了芭蕉洞。只见铁扇公主一回到洞中，就大喊："渴了，给我拿水来！"旁边一个女童，倒好茶，端了过去。孙悟空瞧见，心里又有了鬼主意,他变的小虫子使劲扇动着翅膀,一下子飞进了茶杯里。铁扇公主大概是渴急了,也没有仔细看,一口气把这杯茶喝了下去,于是孙悟空便进到了她的肚子里。孙悟空在她的肚子里变回原样,只是非常的小,然后问她:"把芭蕉扇借给我用一下吧!"

铁扇公主很奇怪,自己明明把孙悟空关在了外面,怎么还能听见他的声音。"孙悟空,你在哪?我怎么没看见你。"

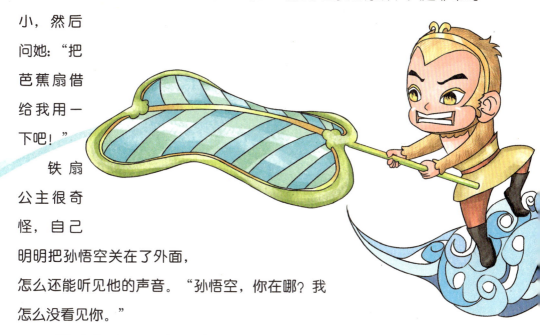

"你当然看不见,我在你的肚子里呢,哈哈。"孙悟空非常得意。

"你……你这是用的什么法术?你快出来!"铁扇公主顿时惊慌起来。

"想让我出来,说来也容易,只要你答应借我芭蕉扇,我自然就会出来,如果不答应,那我就不出去,不但不出去,还要在里面做一套广播体操呢。"说着孙悟空在里面打起了把式,铁扇公主顿时感觉疼痛难忍,在地上直打滚。

"饶命饶命!实在是疼死我了。"

三堂会审

孙悟空听了这话，才停止了动作，"大嫂，看在我和牛大哥的情分上，我就饶了你的性命，不过这芭蕉扇请快快拿出来借给我吧。"

"好好好！只要你出来，什么扇子都借给你！"说完拿出一把芭蕉扇，张着嘴等着孙悟空出来。孙悟空一下子跳了出来，变回原来大小，拿起扇子就飞去了火焰山。对着火焰山扇了几下，竟一点儿效果都没有。原来，扇子是假的，自己被骗了。

孙悟空很生气，又回到了芭蕉洞，对铁扇公主说："刚才我饶你一命，你还骗我，看我这次……"

铁扇公主赶紧说："芭蕉扇借给你也不是不可以，但并不是用这种威胁的方式，这样我是不会自愿借给你的，除非你能答对我的问题，现在我就来考考你！听好了！"

题目是：只有水能灭火吗？

A. 只有水；

B. 还有风；

C. 沙子等固体也可以；

D. 灭火有各种方式。

 孙悟空琢磨了一下，"我选 D。"

齐天大圣也不知道的小秘密

想不到你比那老牛还是聪明不少的，你答对了，正确答案就是 D。

前面的故事说过，一般情况下，如果要让一个物体燃烧起来，必须满足三个条件：第一，有可燃物为燃烧提供燃料；第二，有充足的氧气，因为燃烧是一种氧化反应；第三，有高温，温度达到着火点。只有这三个条件同时存在，火才能燃烧起来。

水能灭火，是因为它能去除燃烧的第三个条件——高温。水遇到高温时，就会把热量吸收，使自己蒸发成水蒸气。把水泼进火焰中，水就会吸走热量而变成水蒸气，让着火物的温度降低，从而无法达到着火点，火自然就熄灭了。

其实，并不是只有水才能灭火。任何东西，只要能去除燃烧三个条件中的任意一条，都能达到灭火的效果。

例如，用灭火器中的干粉、二氧化碳等喷向火焰；用沙土、水泥覆盖火焰；用湿棉被、湿麻袋等扑打火焰，能够让火和氧气隔离，去除燃烧的第二个条件，也能灭火。

又如及时关闭燃油、燃气阀门；在失火地区挖一条隔离带，这些切断火源燃料的方法同样能灭火。

孙悟空，不管咱们有过什么恩怨，现在我还是愿意把芭蕉扇借给你一用！

秘密三十：哈，取得真经、功德圆满！

孙悟空拿到了真的芭蕉扇，满心欢喜地来到了火焰山上，用尽力气来回挥舞，这次的效果十分好，不一会儿，火焰山的火就灭了，又下起了大雨，温度一下子就降了下来。这下师徒几人终于可以安全地过火焰山了。

过了火焰山，师傅四人终于到达了此行的目的地，同时也是如来佛祖居住的地方——灵山脚下。唐僧换了衣服，披上了之前差一点儿丢失的宝贝锦斓袈裟，戴好帽子，手持禅杖。三位徒弟从来没有看到师傅这么正式装扮过。打扮了一番的唐僧果然更像是一位高僧了。

可想不到的是，登上灵山，走了不到三千米的路，前面却出现了一条大河，河水很急，而且能过河的工具只有一个独木桥，看上去十分危险。

幸好孙悟空身轻如燕，几步就过去了，可唐僧和另外两个师弟却犹豫了起来，任凭孙悟空怎么劝也不肯走独木桥。

这时候，一个和尚划着一条船过来了，唐僧请他载自己过去，然而刚要上船才发现，这船竟然没有底。唐僧一下子掉进了水里，却又被撑船人一把拉上了船，紧接着，三个徒弟和撑船人哈哈大笑起来，原来，撑船的是接引佛祖，只有经历了这一磨难,才能脱去肉体凡胎,将来才能修成正果,得道成佛。果然,唐僧一回头,看见水里还有一个自己,已经缓缓沉入水中了。那正是已经脱去的肉体凡胎,三个徒弟都很为师父高兴。

很快,他们就来到了灵山最高的地方,那里有一座大雄宝殿,正是如来佛祖的所在地。听说取经人已经到了,如来佛祖和身边的菩萨金刚们都非常高兴,马上吩咐他们上来。

师徒四人见到如来,都很客气地行礼,把这一路所有国家的通关文书拿出来给如来看。如来看完之后非常感动,"真是辛苦几位了!我这就准备好真经,让你们拿回去。"

唐僧千恩万谢,随两位尊者一起去取经书。很快,经书都拿了出来,唐僧很高兴地告别了二位尊者。谁知,刚走出去没多远,忽然下起了大雨,刮起了大风。这风和雨好像是专门来和师徒四人作对的,将包好的经书都吹散浇湿了。正是因为这样,唐僧才看到了经书里的内容。这让师徒四人都大吃一惊,因为这捆经书里面竟都是一张张白纸,连一个字都没有。

读名著学常识

三堂会审

"没有字，这是怎么回事儿？这些白纸有什么用呢？"唐僧赶紧回到灵山找尊者。尊者却并不回答唐僧的这个问题，没办法，唐僧只能又跑去找如来。

如来佛祖高高在上，见唐僧又来了，心里也知道是什么原因。

"唐三藏、孙悟空、猪八戒、沙和尚，如今你们又来，我想告诉你们一个道理，这个世界有因果循环，不愿意付出，是不会有回报的。而只要你付出了，你的时间和汗水是永远不会白白浪费的。上次的经书没有字，是因为你们的心还不够虔诚。所以，这次我要出个问题考考你们。尤其是孙悟空，你之前犯下的错误，如今是否改正了，我可要好好考考你！"

题目是：真的有无字天书吗？

A. 没有；

B. 会法术的人就可以看见；

C. 身边就有；

D. 以后会发明出来。

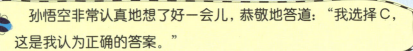

孙悟空非常认真地想了好一会儿，恭敬地答道："我选择C，这是我认为正确的答案。"

如来佛宣判

恭喜你答对了！原始社会，人类只有语言没有文字，见过哪些事情，有了什么想法，只能用口头语言流传。流传的时间久了、距离远了，这些看不见摸不着的语言很容易遗忘。因此，人类发明了一些符号，用它们来代表语言，刻在石头、骨头、铜器等实物上，使其变成了可见的实体，以便代代相传。

有了文字还不够，因为要记录的事情越来越多，石头、骨头、铜器上刻满了，还是不能把要说的话讲清楚。

于是，人们又想尽办法能多写一些字，比如将竹片编成一卷卷竹简；把一张张羊皮、绢帛装订成册。这些制作成册、卷的东西，能记录更多的文字，这就是书了。

所以，文字几乎是书必不可少的记录工具。除了极少数完全没字、只有图画的书，绝大部分书都有字。传说中只有一些神秘图案的无字书，其实那些图案可以认为是文字符号。

有人说盲文书是无字书，但盲文也属于文字，被称为"凸字""点字"。

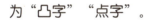

赏罚分明

你们师徒四人，这一路经历了如此多的危难坎坷，我一直看在眼里。如今，我就封唐僧为旃檀功德佛，孙悟空为斗战胜佛，猪八戒为净坛使者，沙和尚为金身罗汉。此外，再赐予你们真正的大乘佛法。

Game Start!

OK,现在师徒四人取得了真经,而且还各自有了神仙的封号,真是皆大欢喜!在取得真经的过程中,孙悟空答题时发挥的超高IQ实在是功不可没啊!

小读者们,想要PK一下吗?现在放松一下,开始智力大冲关吧!

被篡改的画面

孙悟空当上神仙后,有粉丝给他画了一幅"拜师"的图画。猪八戒很不服气自己的名气没有师兄大,于是把画面给篡改了。

你能看出来,这两张画有几处不同吗?

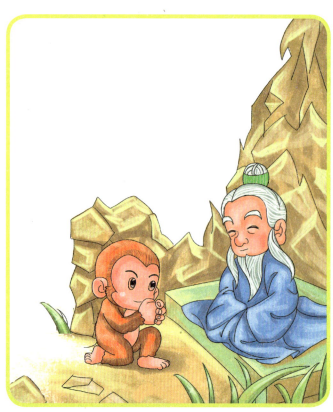

妖怪幻影

　　在取完经回去的路上，孙悟空遇见了一点小麻烦。他碰见了一些影子，它们都是妖怪变成的！

　　小读者，你能根据这些影子猜出它们都是什么妖怪吗？

　　小提示：它们都在前面的插图里出现过哟！

谁的气球飞走了?

就快回到大唐了,唐僧、孙悟空、猪八戒、沙和尚师徒四人决定休息一下。顽皮的孙悟空顿时变出四个气球来玩。可是,有一个人的气球却被风吹走了,你能找出是谁的气球飞走了吗?

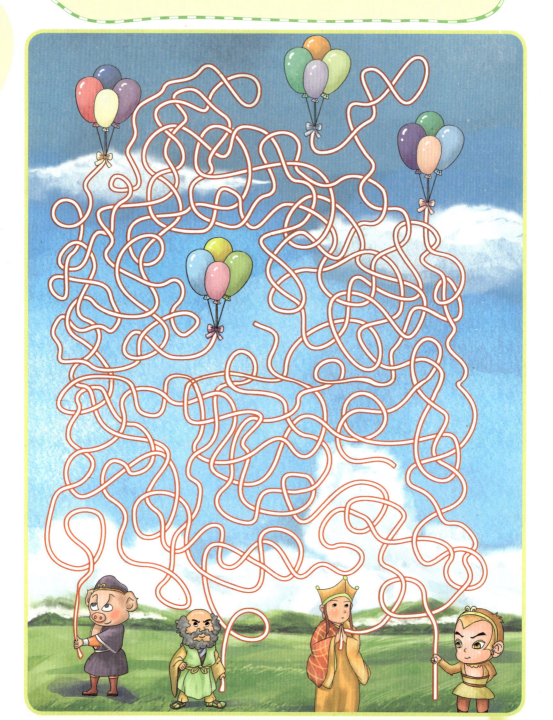

答案

被篡改的画面

妖怪幻影

谁的气球飞走了

1. 金角银角; 2. 羊力大仙; 沙和尚

3. 红孩儿; 4. 鹿力大仙;

5. 白骨精

个 人 信 息

姓　　名：

班　　级：

学　　校：

星　　座：

血　　型：

家庭住址：

电　　话：

兴趣爱好：

座右铭：

年　　月　　日　　天气

年　月　日　天气

年　月　日　天气

年　月　日　天气

年　月　日　天气

年　月　日　天气

年　月　日　天气

年　月　日　天气

年　月　日　天气

年　　月　　日　天气

年　月　日　天气

年　月　日　天气

年　月　日　天气

年　月　日　天气

年　月　日　天气

年　月　日　天气

年　月　日　天气

年　月　日　天气

年　月　日　天气

年　月　日　天气

年　月　日　天气

年　月　日　　天气

年　月　日　天气

年　月　日　天气

年　月　日　天气

年　月　日　天气

年　月　日　天气

年　月　日　天气

年　月　日　天气

年　月　日　天气

年　月　日　天气

年　月　日　天气

年　月　日　天气

年　月　日　天气

年　月　日　天气

年　月　日　天气

年　月　日　天气

年　月　日　天气

年　月　日　天气

年　月　日　天气

年　月　日　天气

年　月　日　天气

年　月　日　天气

年　月　日　天气

年　月　日　天气

年　月　日　天气

年　月　日　天气

年　月　日　天气

年　月　日　天气

年　月　日　天气

年　月　日　天气

年　月　日　天气

年　月　日　天气

年　月　日　天气

年　月　日　天气

年　月　日　天气

年　月　日　天气

年　月　日　天气

年　月　日　天气

年　月　日　天气

年　月　日　天气

年　月　日　天气

年　月　日　天气

年　月　日　天气

年　月　日　天气

年　月　日　天气

年　月　日　天气

年　月　日　天气

年　月　日　天气